新媒体营销 中级

[主编]
————• 曾令辉 孟小曼 杨思 倪海青

[组编]
————• 联创新世纪（北京）品牌管理股份有限公司

人民邮电出版社

北京

图书在版编目（CIP）数据

新媒体营销：中级 / 曾令辉等主编；联创新世纪
（北京）品牌管理股份有限公司组编. -- 北京：人民邮
电出版社，2023.5
　　ISBN 978-7-115-60357-9

　　Ⅰ．①新… Ⅱ．①曾… ②联… Ⅲ．①网络营销
Ⅳ．①F713.365.2

中国版本图书馆CIP数据核字(2022)第204713号

内 容 提 要

本书为新媒体营销"1+X"证书制度系列教材中的一本，是严格依照教育部"1+X"证
书制度、新媒体营销职业技能等级证书试点工作要求，结合《新媒体营销职业技能等级标准》
相关细则配套设计的理论教材，主要介绍了新媒体营销领域的基础知识与基本工作方法。

全书分 3 篇，共 9 章，主要包括新媒体营销与广告、认识广告内容、互联网广告投放准
备、信息流广告投放、社交网络广告投放、搜索引擎广告投放、自媒体广告投放准备、图文
自媒体广告投放、短视频自媒体广告投放。

本书主要面向职业院校相关专业的在校师生，以及希望学习新媒体营销相关知识和技能
的人员。

◆ 主　　编　曾令辉　孟小曼　杨　思　倪海青
　　组　　编　联创新世纪（北京）品牌管理股份有限公司
　　责任编辑　蒋　艳
　　责任印制　王　郁　胡　南

◆ 人民邮电出版社出版发行　　北京市丰台区成寿寺路 11 号
　　邮编　100164　　电子邮件　315@ptpress.com.cn
　　网址　https://www.ptpress.com.cn
　　涿州市般润文化传播有限公司印刷

◆ 开本：700×1000　1/16
　　印张：12.5　　　　　　　　　　　　2023 年 5 月第 1 版
　　字数：214 千字　　　　　　　　2024 年 9 月河北第 2 次印刷

定价：59.90 元

读者服务热线：(010)81055410　印装质量热线：(010)81055316
反盗版热线：(010)81055315
广告经营许可证：京东市监广登字 20170147 号

新媒体营销"1+X"证书制度系列教材编委会名单

编委会 主任（按照姓氏笔画排序）

周 勇
中国人民大学新闻学院执行院长

郭 巍
联创新世纪（北京）品牌管理股份有限公司董事长

编委会 副主任（按照姓氏笔画排序）

吴洪贵
江苏经贸职业技术学院教授

余海波
快手高级副总裁

郎峰蔚
字节跳动副总编辑

段世文
新华网客户端总编辑

高 赛
光明网副总编辑

崔 恒
联创新世纪（北京）品牌管理股份有限公司总经理

编委会 成员（按照姓氏笔画排序）

马 冲
临沂市高级财经学校

王 峰
辽宁医药职业学院

王利伟
山东理工职业学院

王利国
枣庄职业学院

王晓莉
淄博职业学院

尹　力
联创新世纪（北京）品牌管理股份有限公司课程委员会

叶玉曼
北京市昌平职业学校

曲江波
聊城职业技术学院

刘希军
宁安市职业教育中心

许　刚
河南省商务中等职业学校

孙　强
单县职业中等专业学校

李　婷
安庆职业技术学院

李文婕
联创新世纪（北京）品牌管理股份有限公司课程委员会

李颖吉
浙江经济职业技术学院

肖　佳
江西工业工程职业技术学院

吴　韬
江西外语外贸职业学院

吴　飙
江苏旅游职业学院

张 函
金华职业技术学院

张仁萍
乐山师范学院

陈宝生
准格尔旗职业高级中学

武 颖
凌科睿胜文化传播（上海）有限公司

罗 旋
江西软件职业技术大学

罗宜春
广西交通职业技术学院

金萍女
浙江交通职业技术学院

秦 建
河北交通职业技术学院

夏 莹
上海商业会计学校

逯义军
聊城职业技术学院

谢 娟
南昌职业大学

臧 伟
安徽邮电职业技术学院

潘乐威
湖州交通学校

潘菲菲
广西英华国际职业学院

总 序 FOREWORD

20世纪60年代，加拿大人马歇尔·麦克卢汉（Marshall McLuhan）提出了"地球村"的概念。在当时，这个富有诗意的词更像是一个浪漫的比喻，而不是在客观反映现实：虽然在当时电视、电话已开始在全球普及，大型喷气式客机、高速铁路也大大缩短了环球旅行时间，但离惠及全球数十亿的普通人，让地球真正成为一个"村落"，似乎还有很长的路要走。

最近30多年来，特别是进入21世纪以来，"地球"成"村"的速度远远超过了当初人们最大胆的预估：互联网产业飞速崛起，智能手机全面普及；个体获取信息的广度和速度空前提升，一个身处偏僻小村的人，也可以通过移动互联网与世界同步连接；信息流的改变，也同步带来了货物流、服务流以及资金流的改变，这种改变对各行各业原有规则、利益格局、分配方式都产生了不同程度的冲击。今天，几乎没有一个行业，尤其是服务业，不正在与移动互联网、新媒体深度结合，这种情景，就像当初蒸汽机改良、电力广泛使用对传统产业的影响一样。

作为一名从20世纪90年代初就专业学习并研究新闻传播学的教育工作者，我全程经历了最近30多年互联网对新闻传播领域的冲击和改变，深感我们的教育工作应与移动互联网、新媒体实践深入结合之紧迫和必要。

首先，学科建设与产业深度融合的紧迫性和必要性大大增强了。

在以报刊、广播电视为主要传播渠道的时代，我们可以以几年或十几年的跨度来考察行业变迁，开展教学研究；而在移动互联网、新媒体领域，这个时间周期就显得有些长。几年或十几年的时间，移动互联网、新媒体领域已经是沧海桑田了：在中国，现在最流行的短视频平台，问世至今才几年的时间；已经覆盖全国90%以上人口的社交网络，也只有十多年的历史；即便是标志着全球进入移动互联时代的智能手机，也是 2007 年前后才正式发布的。移动互联网、新媒体领域的从业人员普遍认为他们一年所经历的市场变化，相当于传统行业十年的变化。

这种情况给教学研究带来了新的挑战和机遇，需要我们这些教育工作者不断拥抱变化，时时学习并实践最新产品，与产业深度融合，唯有如此，才能保持教研工作的先进性和实践性，才能赋能理论研究和课堂教学，才能真正提升学生的理论水平和实践能力。

其次，跨学科、多学科教学实践融合的紧迫性和必要性大大增强了。

传统行业与移动互联网及新媒体的紧密结合，是移动互联时代的显著特征。如今，无论是国家机关、企事业单位，还是个体经营的小店，日常传播与运营推广，都离不开移动互联网的应用。为了更好地传播信息、拓展客户，他们或开通微信公众号，或接入美团、饿了么平台，或在淘宝、京东开店，或利用抖音、快手获客。能够熟悉和掌握这些移动互联网和新媒体平台运营推广技巧的人，自然也成了各行各业都希望获得的人才。

这样的人才是由新闻传播学科来培养，还是由市场营销学科来培养？而这些学科是属于商科、文科，还是工科？实事求是地说，我们现在的学科发展还不能完全满足市场需求，要培养出更多经世致用的人才，需要在与产业深度融合的基础上，打破学科设置方面的界限，在跨学科、多学科融合培养方面"下功夫"，让教学实践真正服务于产业发展，让学生们能真正做到学以致用。

要实现院校的学科发展与移动互联网、新媒体实践深入结合，为学生赋能，满足社会的需要，促进个人发展并不容易。这些年来，职业教育领域一直在提倡"产教融合"，希望通过拉近教育与产业、院校与企业的距离，让学生有更多更好的工作机会。从目前的情况来看，教育部从 2019 年开始在职业院校、应用型本科院校启动的"学历证书 + 若干职业技能等级证书"制度（简称为"1+X"证书制度）试点工作，对于鼓励更多既熟悉市场需求又了解教育规律，能够有机连接行业领军企业与职业院校，让它们产生"化学反应"的专业职业教育服务机构进入这一领域，正发挥着积极作用。

在我看来，开发移动互联网运营与新媒体营销这两个职业技能等级标准的联创新世纪（北京）品牌管理股份有限公司（以下简称"联创世纪团队"），就是在

"1+X"职业技能等级证书试点工作中出现的杰出代表。如前文所述，移动互联网和新媒体时代的运营、营销和推广技能，应用范围广、适用就业岗位多、市场需求大，已成为新时代经济社会发展进程中的必备职业技能。目前职业院校，甚至整个高等教育领域，在移动互联网运营和新媒体营销教学和实践方面还存在短板，难以满足学生和用人单位日益增长且不断更新的需求。要解决这个问题，首先要对移动互联网运营和新媒体营销这两个既有区别又紧密联系，而且还在不断变化演进中的职业技能进行通盘考虑和规划。整体开发这两个技能标准，会比单独开发其中一个技能标准更全面，也更具实效。在教学实践中，哪些工作属于移动互联网运营？什么技能应划归新媒体营销？联创世纪团队分别以"用户增长"和"收入增长"作为移动互联网运营和新媒体营销的核心要素，并展开整个职业技能图谱，应该说是抓住了移动互联网运营和新媒体营销的"牛鼻子"。在此基础上，开发好这两个技能标准，做好教学与实训，至少还需要具备以下两个条件。

第一，移动互联网也好，新媒体也好，都是集合概念。社交媒体、短视频、信息流产品、电子商务平台、生活服务类平台、手机游戏等，都属于移动互联网的范畴。由于它们的产品形态、用户玩法、盈利模式、产业链构成都各不相同，因此各自涉及的传播、运营、推广营销业务也各有特色。这就需要证书的开发者、教材的编写者具备上述相关行业较为资深的工作经历，熟谙移动互联网运营和新媒体营销的基础逻辑和规则，同时掌握各个产业类别的不同特点和操作方法。

第二，目前，对移动互联网运营、新媒体营销人才的需求广泛且层次较多。国家机关、新闻媒体、企业为了宣传推广，个体经营者和早期创业团队为了获客、留客都需要这方面的人才。单位性质不同，规模不同，需求层次也不同，但累积的岗位需求规模巨大，以百万、千万计，是学生们毕业求职的主战场。要满足这些需求，就需要准确把握上述类型企事业单位的实际情况，有针对性地为学生提供移动互联网运营和新媒体营销的实用技能和实习实训机会。

呈现在读者面前的移动互联网运营和新媒体营销系列教材，就是在具备上述两个条件的基础上，由职业技能等级标准的开发单位会同字节跳动、快手、新华网、光明网等行业领军企业高级管理人员，以及"双高计划"院校和专业在内的多家职业院校一线教师，共同编写而成。

值得一提的是，编写这套教材的联创世纪团队，对于"快"与"慢"、"虚"与"实"的理解和把握：一方面，在移动互联时代，市场变化"快"、技能更新"快"，但教育是个"慢"的领域，一味图快、没有基础和沉淀是不能长久的；另一方面，职业技能必须要"实"，它来自实际，要实实在在，要实用，但要不断提升技能的话，离不开"虚"的东西，离不开来自对实践经验方法的提炼和理论总结。

联创世纪团队正尝试着用移动互联网和新媒体的方式，协调"快"与"慢"、"虚"与"实"的问题，他们同步开发的网络学习管理系统、多媒体教学资源将同步发布，并保持实时更新，市场上每个季度、每个月的运营和营销变化，都将体现在网络学习管理系统和多媒体教学资源库中。考虑到移动互联网和新媒体领域发展变化之迅速，可想而知这是一项很辛苦，也很难的工作，但这也是一项意义非凡且重要的工作。

今天，移动互联网和新媒体正深刻改变着各个行业，在国民经济和社会发展中发挥着越来越重要的作用，与之相关的职业技能学习和实训工作意义重大、影响范围广。人民邮电出版社与联创新世纪（北京）品牌管理股份有限公司精心策划，隆重推出这套系列教材，很有战略眼光和市场敏感性。在这里，我谨代表编委会和全体作者向人民邮电出版社表示由衷感谢。

中国职业教育变革洪流浩荡，移动互联的浪潮滚滚向前。移动互联网运营和新媒体营销这两种职业技能的"1+X"证书制度系列教材，以及与之同步开发的网络学习管理系统、多媒体教学资源库，将为发展大潮中相关职业技能人才的培养做出应有的贡献。这是所有参与编写出版的同人们的共同心愿。

2022 年 11 月

注：周勇教授现任中国人民大学新闻学院执行院长，中国高等教育学会新闻学与传播学专业委员会理事长。

前言 PREFACE

　　国务院印发《国家职业教育改革实施方案》，提出在职业院校实施"学历证书＋若干职业技能等级证书"制度（简称"1+X"证书制度）试点工作。职业技能等级证书（即 X 证书）是"1+X"证书制度设计的重要内容。该证书是一种新型证书，其"新"体现在两个方面：一是 X 证书与学历证书是有机结合的关系，X 证书要对学历证书进行强化、补充；二是 X 证书不仅是普通的培训证书，也是推动"三教"改革、学分银行试点等多项改革任务的一种全新的制度设计，将在深化办学模式、人才培养模式、教学方式方法改革等方面发挥重要作用。

　　在这一背景下，为应对移动互联网产业快速发展及新媒体人才需求增长，新媒体营销职业技能等级证书（简称新媒体营销"1+X"证书）应运而生。

　　近年来，移动互联网产业蓬勃发展，已成为国民经济的重要组成部分，移动互联网企业和基于移动互联网技术、平台发展起来的新兴产业正在深刻改变着各行各业。第 49 次《中国互联网络发展状况统计报告》显示，截至 2021 年 12 月，我国网民规模达到 10.32 亿人，较 2020 年 12 月增长 4296 万人，互联网普及率达73.0%。随着 5G、大数据、人工智能等技术的发展，移动互联网已经渗透到人们生活的各个方面，成了当代生活中必不可少的工具。

　　新媒体营销是移动互联网企业和基于移动互联网技术、平台发展起来的新兴企业中的重要岗位群，对扩大企业用户规模、增强用户黏性、提升用户活跃程度具有关键作用。随着移动互联网企业的竞争加剧及传统产业和移动互联网的融合加深，营销人才的重要程度将进一步提升。

　　2022 年 9 月，《中华人民共和国职业分类大典 (2022 年版)》(以下简称《大典》) 公示，其在 2015 年版《大典》基础上，对分类体系进行了修订，增加或取消了部分中类、小类及职业（工种），对部分归类进行了优化和调整，对部分职业信息描述进行了修改和完善。在《大典》的职业分类中，就包括"全媒体运营师""互联网营销师"两个新职业，足见基于互联网、新媒体的运营和营销工作之重要。

为了帮助广大师生更好地把握新媒体营销职业技能等级认证要求，联创新世纪（北京）品牌管理股份有限公司联合《新媒体营销职业技能等级标准》的起草单位、起草人和职业教育领域的相关学者成立新媒体营销"1+X"证书制度系列教材编委会，根据《新媒体营销职业技能等级标准》和考核大纲，组织开发了新媒体营销"1+X"证书制度系列教材及配套课程资源，该系列教材分为初级、中级和高级3个级别。

本书根据《新媒体营销职业技能等级标准》中对中级技能的要求开发。本书分为3篇，共9章，第一篇为基础知识篇，分别介绍新媒体营销与广告、认识广告内容，帮助学习者了解本书的总体脉络以及基础内容；第二篇为互联网广告投放篇，分别介绍互联网广告投放准备、信息流广告投放、社交网络广告投放、搜索引擎广告投放，重点介绍互联网广告的投放流程和要点，并结合信息流广告、社交网络广告、搜索引擎广告3类广告形式中的典型广告投放平台，介绍具体的广告投放操作技能；第三篇为自媒体广告投放篇，分别介绍自媒体广告投放准备、图文自媒体广告投放、短视频自媒体广告投放，简要介绍了自媒体的发展历程，并介绍了图文、短视频这两种类型的自媒体广告投放流程和方法。为了更好地帮助学习者了解本书内容，每一篇都设计了知识巩固的模块，分为知识拓展和技能测试两个部分，读者可以借此拓宽视野，强化技能。

我们深知，职业技能的掌握重在实际操作，因此，与本书配套开发的网络课程已经上线并在持续更新中，读者可以通过联创新世纪（北京）品牌管理股份有限公司开发的网络学习管理系统进行在线操作。

本书可供职业院校、应用型本科院校、新媒体营销相关的培训机构采用。新媒体营销作为一项职业技能，始终在不断地更新发展之中，欢迎广大使用者和行业企业专家向我们提出宝贵意见和建议。

新媒体营销"1+X"证书制度系列教材编委会

2022 年 10 月

目 录　CONTENTS

第三篇　自媒体广告投放篇

第一篇

基础知识篇

互联网广告，通常是指在互联网平台上投放的广告。与传统广告不同，互联网广告发展非常迅速，已经形成了一个规模庞大、具有技术壁垒的产业。互联网广告也因其投放精准、转化效率高逐渐成为新媒体营销的典型形式之一。 本篇将从介绍新媒体的发展变化入手，初步介绍互联网广告这种典型的新媒体营销形式，帮助读者了解互联网广告的概况；同时，还将介绍互联网广告的两个基础内容形式——广告创意及广告落地页，以及它们的策划方法，帮助读者加深对互联网广告的了解。

第 **1** 章

新媒体营销与广告

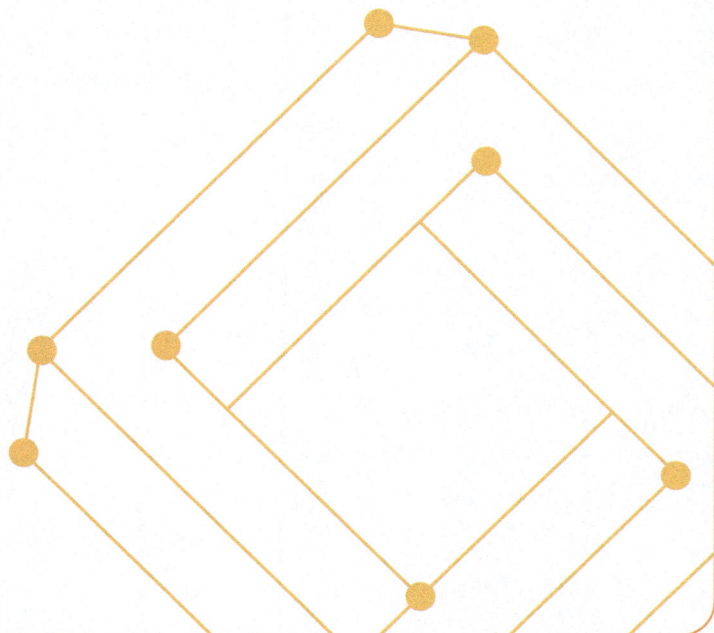

- 新媒体的变化
- 典型的新媒体营销形式
- 互联网广告概况

知识导图 👉

1.1 新媒体的变化及典型营销形式

伴随互联网技术的发展,新媒体也在快速变化。我国的新媒体发展经历了几个重要的节点,每个节点都产生了一些全新的新媒体形式,如图1-1所示。

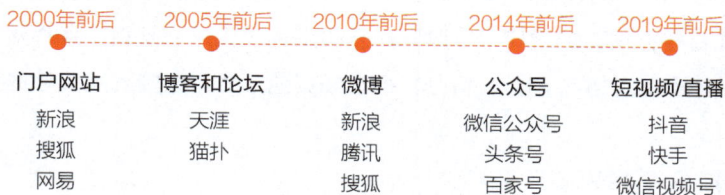

2000年前后	2005年前后	2010年前后	2014年前后	2019年前后
门户网站	博客和论坛	微博	公众号	短视频/直播
新浪	天涯	新浪	微信公众号	抖音
搜狐	猫扑	腾讯	头条号	快手
网易		搜狐	百家号	微信视频号

图 1-1

(1)2000年前后,新媒体的代表是门户网站,如新浪、搜狐、网易等。

(2)2005年前后,新媒体的代表是博客和论坛,如天涯、猫扑等。

(3)2010年前后,新媒体的代表是微博,新浪、腾讯和搜狐等公司都在当时推出了微博服务。

(4)2014年前后,新媒体的代表是公众号,微信公众号、头条号、百家号是具有代表性的产品。

(5)2019年前后,新媒体的代表是短视频/直播,抖音、快手及微信视频号均为代表性产品。

新媒体的发展变化不断地推动着营销方式的发展变化。2000年,营销人员借助门户网站进行营销推广,属于当时的"新媒体营销";2022年,营销人员借助抖音、微信视频号等短视频平台进行营销推广,属于当下的"新媒体营销"。新媒体营销的工作范围变得更广,对新媒体营销人员的工作技能要求更高。

在营销推广的过程中,"广告"一直是重要的营销方式之一。广告发布的载体很多,如报纸、电视、广播及户外广告牌等。通常来说,载体触达的人越多,在这个载体上发布广告的效果越好。例如,中央电视台《新闻联播》节目开播前的广告位,是很多知名品牌通过竞拍才能得到的。这是因为中央电视台的观众多,加上《新闻联播》节目在黄金时间播出,观看的人数巨大。

当广告发布的载体变为新媒体,依然符合上述的特征。新媒体平台的用户量大,其广告价值高,能够吸引更多的广告主发布广告。

如今，新媒体平台已经成为人们发布信息、获取信息的重要渠道。在新媒体平台上发布广告也成为企业的重要营销方式，互联网广告已经成为一个市场规模巨大的行业。政府管理部门出台了相关的管理办法进行监管，以规范互联网广告市场行为。

2016 年 9 月 1 日起，《互联网广告管理暂行办法》（简称《暂行办法》）正式施行，其对"互联网广告"形式的新媒体营销进行了明确界定，便于规范市场行为。

根据《暂行办法》的规定，互联网广告是指通过网站、网页、互联网应用程序等互联网媒介，以文字、图片、音频、视频或其他形式，直接或间接地推销商品或服务。

互联网广告具体包括以下 5 类。

（1）推销商品或服务的含有链接的文字、图片或者视频等形式的广告。

（2）推销商品或服务的电子邮件广告。

（3）推销商品或服务的付费搜索广告。

（4）推销商品或服务的商业性展示中的广告，法律、法规和规章规定经营者应当向消费者提供的信息的展示依照此规定。

（5）其他通过互联网媒介推销商品或服务的商业广告。

本书将主要介绍"互联网广告"，解析互联网广告的主要营销方法和操作技能，并介绍"类互联网广告"的新营销方式。

1.2　认识互联网广告

《中华人民共和国广告法》（简称《广告法》）规定：在中华人民共和国境内，商品经营者或者服务提供者通过一定媒介和形式直接或者间接地介绍自己所推销的商品或者服务的商业广告活动，适用本法。

在商业广告活动中，存在 3 个角色，分别是广告主、广告经营者和广告发布者。

《广告法》中所指的广告主，是为推销商品或者服务，自行或者委托他人设计、制作、发布广告的自然人、法人或者其他组织；《广告法》中所指的广告经营者，是接受委托提供广告设计、制作、代理服务的自然人、法人或者其他组织；《广告法》中所指的广告发布者，是指为广告主或者广告主委托的广告经营者发布广告的自然人、法人或者其他组织。例如，百事可乐的广告活动中，百事可乐公司就是广告主，广告的设计制作公司就是广告经营者，电视台、报社、杂志社等是广告发布者。

为了更好地管理互联网广告，《暂行办法》对广告发布者的特征做了更细致的描述，"为广告主或者广告经营者推送或者展示互联网广告，并能够核对广告内容、决定广告发布的自然人、法人或者其他组织，是互联网广告的发布者"。

简而言之，广告主就是花钱的人和企业，有明确的营销目的和预算。广告经营者是专业的广告营销公司，为广告主制作符合要求的广告内容，奥美、智威汤逊、蓝色光标都是具有代表性的广告经营者。互联网广告的发布者很多，从《暂行办法》的规定中可以看出，互联网广告发布者拥有"推送或者展示互联网广告"的能力，而新闻网站和新闻客户端、社交网络平台及短视频平台都拥有这种能力，它们都可以开展广告业务，成为互联网广告的发布者。

在互联网广告行业中，市场规模最大的是互联网广告发布者。各类行业研究机构和市场调研机构计算互联网广告的市场规模时，主要统计互联网广告发布者的经营数据。这是因为互联网广告的发布者多数是大型互联网企业，具有规模效应，市场集中度高。例如，字节跳动旗下有抖音和今日头条，用户量大，广告位多，两个平台的广告收入在"千亿元"级别。而广告经营者多需要以人力驱动，不具备规模效应，单一企业的规模都相对较小，市场集中度低，企业经营数据的透明度低，因此很难科学地统计广告经营者的市场规模。

根据《财新周刊》的报道，2021 年，我国互联网广告市场规模为 6550.1 亿元，阿里巴巴、字节跳动、腾讯和百度是互联网广告业务收入排名前 4 的企业。

本书会重点解析字节跳动、腾讯和百度的广告营销模式，介绍利用字节跳动旗下巨量引擎广告投放平台、腾讯旗下腾讯广告投放管理平台、百度旗下百度营销搜索推广平台开展互联网广告业务的职业技能要求。而阿里巴巴平台的广告主要以服务网店为主，集中在阿里巴巴的产品体系内，属于相对独立的一套体系，本书暂不介绍。

第 **2** 章

认识广告内容

学习目标 👉

- 广告创意的概念、类型，以及策划广告创意的方法
- 广告落地页的概念、类型，以及策划广告落地页的方法

知识导图 👉

```
                                              ┌── 认识广告创意
                              ┌── 广告创意 ───┤
                              │               └── 策划广告创意
        认识广告内容 ─────────┤
                              │               ┌── 认识广告落地页
                              └── 广告落地页 ──┤
                                              └── 策划广告落地页
```

2.1　广告创意

广告创意并不是抽象的概念，它可以具象为各种互联网产品上的一句文案、一个标题、一张图片、一段自动播放的视频，甚至一个标签等。

广告创意跟各个广告平台提供的广告创意样式息息相关。每个平台提供的广告创意样式并不完全相同，在制作广告创意的过程中，首先需要分析创意样式的功能，在充分理解功能的基础上，为这些功能匹配完整的内容。

2.1.1　认识广告创意

广告创意有很多，常见的有信息流广告创意、社交网络广告创意、搜索引擎广告创意和自媒体广告创意 4 类广告创意，如图 2-1 所示。

1. 信息流广告创意

信息流广告创意样式非常多，今日头条信息流广告是信息流广告的代表。下面以今日头条为例，详细分析其广告创意样式，并介绍每一个样式需要重点关注的内容。今日头条的信息流广告创意样式主要有以下几类。

（1）小图类。

小图，顾名思义，就是尺寸很小的图片。小图类的广告创意样式主要由一个长标题和一个小图组成，如图 2-2 所示。在进行小图类的广告创意制作时，相当于创作一条新闻的标题和一张合适的图片。此外，小图类广告左下角还有一个广告标识，显示了醒目的"广告"二字，这是《广告法》要求的，以强调它的"广告"属性，明确这并不是真正的新闻内容，其他信息流广告也要遵循这项要求；"广告"二字后标出了广告主，标示了广告的来源；

图 2-1

图 2-2

在广告标题的右下方有一个叉号，用户只要点击这个叉号，这条广告就不会出现了，广告平台可以借助这个功能，了解用户的广告偏好。

（2）大图类。

相较于小图类的广告创意样式，大图类的广告创意样式中广告图片的尺寸更大，占据的版面也更多，如图 2-3 所示。广告图片是用户关注的焦点，图片中的画面和文案，是用户关注的重点。相较于图片，广告中的标题处于次要的位置，对用户的吸引力要弱一些。

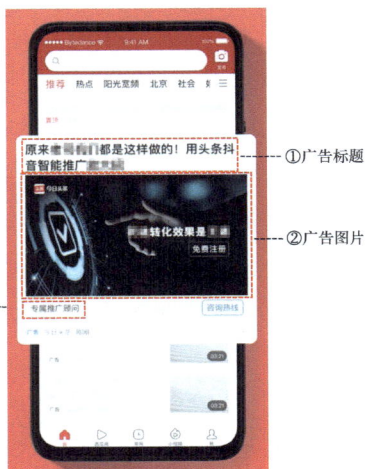

①广告标题
②广告图片
③广告副标题

图 2-3

在大图的下方，有一串小字，这是广告的副标题，能够对内容进行补充；在大图的右下方，是"咨询热线"按钮，这个按钮具备转化的功能，用户点击之后可以获取联系信息，进行相关的咨询。

图 2-4

（3）组图类。

组图，顾名思义，就是多张图片的组合，每张图片的尺寸跟小图一致。组图类的广告创意样式如图 2-4 所示，组图类的广告由三张静态小图组成。组图可以传递更多的内容。在组图广告中，标题具有重要作用。

（4）视频类。

视频类的广告创意样式如图 2-5 所示，与大图类的广告创意样式非常相似，二者的布局几乎一致，各种功能模块也几乎相同。二者唯一的区别是在图片的中间，视频类的广告创意样式有一个带有阴影底纹的三角形按钮，这是视频的播放键。在使用互联网产品时，用户点击该三角形按钮，就可以播放视频，进行观看。这个设计可以勾起用户好奇心，让用户点击这个按钮播放视频。在视频类的广告创意样式中，视频内容、视频的封面都非常重要。

（5）微动类。

微动类的广告创意样式（见图 2-6）和大图类的广告创意样式非常相似，只是广告图片具有类似于演示文件中的动画效果。如果采用这种广告创意样式，除了要做好大图类的广告创意样式的全部内容外，重点还要调整画面元素出现顺序，要能引导用户的注意力。微动类的广告创意样式具备大图类的广告创意样式的全部特征，同时其动态的画面让广告更加具备吸引力。

（6）全景类。

全景类的广告创意样式（见图 2-7）在版面形式上和大图类的广告创意样式相似，核心的区别是大图变成了 360° 的全景式 VR（Virtual Reality，虚拟现实）素材。在这种广告创意样式中，用户可以点击 VR 素材观看全景内容。这种广告创意样式具有更强的互动性，并且能够传递的内容也更加丰富，能为用户打造一个线上展览馆。

图 2-5

图 2-6

图 2-7

（7）轮播类。

轮播类的广告创意样式（见图2-8）是由多张大图组合起来并自动播放的一种样式，相当于组图类广告创意样式的升级版。和组图类的广告创意样式相比，轮播类的广告创意样式中的图片尺寸更大、图片数量更多，并且还能自动轮播图片，更能够吸引用户的注意力。在这种广告创意样式中，须注意大图的质量和轮播的顺序。

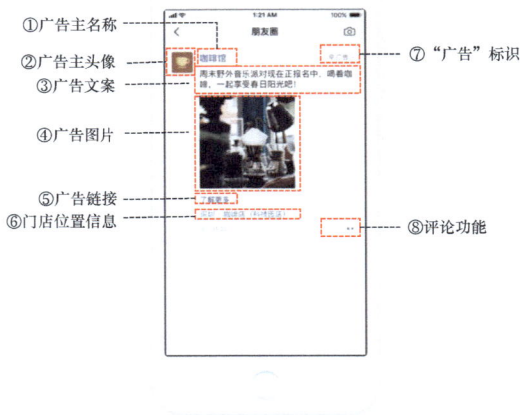

图2-8

2. 社交网络广告创意

社交网络广告主要应用于社交网络产品中，微信朋友圈是影响力较大的社交网络产品之一。微信朋友圈的广告具有很强的社交属性，例如，一个微信用户对一条朋友圈广告进行点赞或评论后，该用户的微信好友看到这条广告时，也能看到他的点赞和评论。因此，微信用户对广告的态度能够影响其微信好友对该广告的态度。

下面重点介绍微信朋友圈的广告创意。通过对微信朋友圈广告的解读，读者可以了解社交网络广告创意的特点。

微信朋友圈的广告创意样式主要有以下几种。

（1）常规类。

①广告主名称　②广告主头像　③广告文案　④广告图片　⑤广告链接　⑥门店位置信息　⑦"广告"标识　⑧评论功能

图2-9

常规类的广告创意样式（见图2-9），就像普通微信用户发布的一条朋友圈消息。常规类的广告创意样式主要由广告主名称、广告主头像、广告文案、广告图片、广告链接、门店位置信息、"广告"标识和评论功能8个部分组成。

在这个广告创意样式中，图片和文案都是用户关注的重点。在创作广告创意内容时，创作者须让广告图片和文案的风格跟常规的微信朋友圈内容保持一致。

（2）基础式卡片类。

基础式卡片类的广告创意样式（见图 2-10）看起来就像一张简单的卡片，广告的主要内容都在卡片内，卡片本身的颜色比较深，在常规的微信朋友圈内容中就显得比较突出，能够吸引用户的注意力。广告由图片、广告标题和广告描述组成。和常规类的广告创意样式相比，这类广告创意样式中图片占据更重要的位置，是更关键的部分。广告标题要简洁，作用也非常突出。文字较多的广告描述起补充说明的作用。广告主的名称和头像、广告标识及评论功能，都和常规类的广告创意样式一致。

（3）标签式卡片类。

标签式卡片类的广告创意样式是在基础式卡片类的广告创意样式的基础上，增加了一个标签内容，广告主可以根据所属行业设置标签，可选 1~3 个标签，字数上限为 16。标签式卡片类的广告创意样式如图 2-11 所示，将卡片内的标签颜色设置为灰色，凸显信息内容。如果说最重要的信息可以通过广告标题来传达，那么广告的关键要点则可以通过标签来解释。

图 2-10　　　　　　　　　　　　图 2-11

（4）行动式卡片类。

行动式卡片类的广告创意样式是在基础式卡片类的广告创意样式的基础上，增加了一个行动按钮，其可以引导用户进行下一步行动，增强卡片的互动性，如图 2-12 所示。行动按钮可以用于推广品牌、门店、商品、应用、公众号、小游戏或以收集销售线索为目的的活动。

（5）选择式卡片类。

选择式卡片类的广告创意样式（见图 2-13）是在基础式卡片类的广告创意样式的基础上，增加了两个选择按钮，不同的按钮可引导用户到不同的落地页，满足个性化表达需求。

 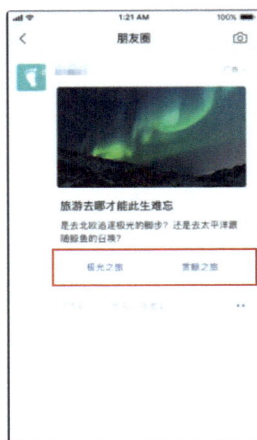

图 2-12   图 2-13

（6）全幅式卡片类。

全幅式卡片类的广告创意样式（见图 2-14）中图片占据整个卡片的区域，广告标题和文案更短，并且都浮在图片上方。这类广告创意样式最主要的特点是用户点击大图后，广告会以全屏视频的方式展示，使用户可以沉浸式地浏览广告。

（7）全景式卡片类。

　　全景式卡片类的广告创意样式（见图 2-15）和全幅式卡片类的广告创意样式在用户点击之前是一样的，区别在于全景式卡片类的广告创意样式具有更强的互动性。用户点开之后，广告中会出现一个可以 360° 旋转的 VR 素材。这个 VR 素材跟全景类的广告创意样式中的类似。

图 2-14　　　　　　　　　　　　　　　　图 2-15

（8）滑动式卡片类。

　　滑动式卡片类的广告创意样式的外层展示端更加简洁，没有单独的标题和文案，广告图片上有一个可滑动的引导箭头符号和引导文案，如图 2-16 所示。这种广告创意样式的互动性强，滑动路径可贴合品牌故事设置，但这种广告创意样式只支持视频类型的素材。

（9）长按式卡片类。

　　长按式卡片类的广告创意样式非常简洁，没有标题和文案，也没有明显的引导箭头，只有一张大图和一个点击按钮，如图 2-17 所示。用户在点击按钮之后，朋友圈会出现相关的动态效果。在具体设置的过程中，需要重点关注图片和互动效果。

以上9种广告创意样式都可以在朋友圈发布。需要注意的是，第5种到第9种广告创意样式只支持品牌广告投放，不支持效果广告投放，广告投放费用的门槛达到100万元。

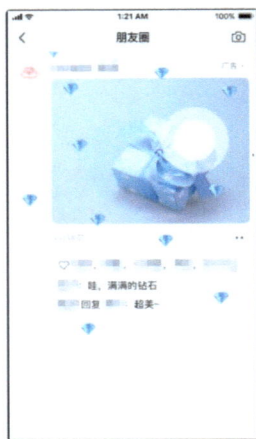

图2-16   图2-17

3. 搜索引擎广告创意

搜索是日常上网主要使用的互联网服务之一，在上网的过程中，大部分的用户都会使用搜索引擎来获取信息。

搜索的过程非常简单，用户在搜索框中输入目标关键词，确认后搜索引擎会给出对应的结果。和信息流广告、社交网络广告丰富多样的创意形式不同，搜索引擎的广告创意更简单、直接。百度、360搜索、搜狗、神马搜索等搜索引擎的广告创意形式大同小异。

信息流广告、社交网络广告和搜索引擎广告创意形式存在差异，很大一部分原因是用户使用产品的场景和目的不同。

用户在使用信息流产品、社交网络产品的时候，处于一种浏览状态，此时完全不知道接下来会出现什么。因此，在这种场景下出现的广告，就需要有极强的吸引力，要通过丰富多样的形式刺激用户，吸引用户点击。

相反，用户在使用搜索引擎的时候，都带着明确目的，任何阻碍这一目的实现的内容都是无效的。基于这样一种特性，搜索引擎广告创意要更简洁，内容要更精准。

搜索引擎广告创意主要分为以下几个部分，如图 2-18 所示。

图 2-18

（1）标题。

搜索引擎广告创意标题是一长串内容，通常可以输入 9~50 个字符。

（2）描述。

创意描述是对标题内容的进一步解析，通常可以输入 9~80 个字符，在推广的过程中，一般至少输入 30 个字符，确保用户搜索出来的结果比较合理。在描述部分，字符太少可能会造成大片空白区域，影响美观。

（3）网址。

在互联网上，每一个网页都对应唯一的网址，因此在使用搜索引擎推广过程中，工作人员需要输入指定页面的网址。

4. 自媒体广告创意

自媒体广告投放跟信息流广告投放不同，不是一个基于广告系统的投放。在自媒体广告投放过程中，负责投放工作的营销人员根据自己的方法和经验，以及广告主的目标去寻找恰当的自媒体账号，并和账号的运营者沟通合作，以达成推广投放的目的。这些自媒体账号包含不同内容平台的自媒体号，如微信公众号、头条号、百家号等。

如果新媒体营销人员选择和一个时尚类微信公众号合作推广，那么推广内容的风格就需要和该时尚类微信公众号日常发布的文章风格保持一致。营销人员所推广的内容需要和选定的目标账号日常发布的内容相符。推广的目标就是要将这个账号的关注者转化成广告主需要的用户。

下面以微信公众号推广为例介绍。在进行微信公众号广告创意制作的时候，主要参考以下几个方面。

（1）标题。

标题要具备自媒体传播的特性，同时要和目标账号本身的风格相符合。

（2）文章配图。

文章配图应和账号风格保持一致，同时配图要具有吸引力。

（3）文章摘要。

文章摘要需要把吸引用户的内容提炼出来，同时字数不能过多。

自媒体广告创意制作的核心还是吸引用户点击，因此要考虑用户两种阅读场景。

第一个场景是推送界面。在微信公众号的信息列表中，用户既可以在订阅号自动推送的信息流界面查看，也可以在订阅号右上角的账号列表界面查看。用户在第一个界面查看时，可以直接看到这篇文章的标题、配图和摘要；用户在第二个界面查看时，会先看到账号名称和首篇的文章标题。

第二个场景是转发到微信群或朋友圈，在这个场景中，文章的标题和封面图的作用都很重要。如果封面图过大，会影响用户的打开速度，从而影响用户的体验。除了微信公众号，头条号、百家号或其他媒体转发到微信时也需要考虑用户的打开效果。

此外，推送的文章成本不一致，在创意制作时需要考虑文章是账号的头条、次条还是三条之后的内容。微信公众号次条的内容图片必须保持 1 : 1 的比例，并且展示面积缩小了很多，标题也要简短一些；而三条之后的内容，则不会直接在微信订阅号信息流的界面展示，只展示给关注用户，因此要充分考虑阅读场景。

2.1.2　策划广告创意

通过前面的学习，大家已经认识了广告创意，接下来将重点从标题、图片、视频几个方面介绍如何策划广告创意，如图 2-19 所示，以掌握新媒体营销人员的基本工作技能。

图 2-19

1. 标题策划

撰写优秀的广告创意标题时需要遵循以下几个步骤。

（1）明确推广内容。

新媒体营销人员在撰写广告创意标题时，首先需要明确推广内容。

新媒体营销人员应利用用户的碎片化时间，将广告内容穿插在用户浏览的信息中。就算是搜索引擎广告，也是将广告内容穿插在一个搜索结果的信息流当中。用户在浏览信息的过程中，通过手指滑动手机屏幕或滚动鼠标浏览网页，通常他们只会查看自己感兴趣的内容。

只有推广内容足够明确，标题中重点突出，能满足用户需求时，用户才会对其产生进一步了解的兴趣。这样才能吸引目标用户群体，保证推广的精准性。

（2）明确目标用户。

撰写广告创意标题时，新媒体营销人员除了要明确推广内容，还要明确产品或服务的目标用户群体。读者可以对比以下两个标题。

"英语培训班招生，现在报名免费领取 3 节试听课。"

"想进外企但英语不过关？报名外企职场英语培训班，免费试听 3 节课，满意后付款。"

站在用户的角度会发现，第一个广告创意标题中英语培训是一个广泛的概念，目标受众需求不明确；而第二个广告创意标题明确了进外企所需的英语培训，这样直接排除了中小学生等英语学习人群，确保点击的用户更加精准。

（3）触发用户情绪。

除了带有明确目的的搜索引擎广告，其他几类互联网广告都是在用户浏览状态下呈现的，用户需求的迫切程度不高。

在这种情况下，如果广告内容可以触发用户情绪，让用户产生共情和点击的意愿。

常见的引起用户共情的情感要素有亲情、友情和爱情，但是新媒体营销人员在设计的过程中，也要注意积极的情感导向，不能刻意触发用户的负面情绪。

（4）文字内容易理解。

对于单条广告信息而言，内容是复杂的，需要花很多时间理解，但用户的浏览时长是很短的，这样的广告通常很难吸引用户的眼球，无法促进用户点击，转化效果不好。

所以在撰写标题的时候，文字内容要易理解，用户的理解成本越低，信息传达越有效，转化效果才会越好。

2. 图片策划

（1）图片作用。

在开始具体策划图片之前，营销人员需要理解广告图片的作用。在一条互联网广告创意中，图片的作用主要有两个。

第一个作用是辅助标题表达内容，增加用户信任。

广告创意标题表达了具体的信息内容，好的图片能够对这些信息进行补充，达到"有图有真相"的效果，增加用户信任。

第二个作用是吸引用户注意力，触发他们的情绪。

尽管广告创意标题可能凝聚了创作者大量的心血，标题本身也非常优秀，但是视觉化的信息往往更能够第一时间吸引用户，刺激用户展开相关的联想，触发相应的情绪，从而提高点击率。

（2）图片策划原则。

在互联网广告中，图片策划需要遵循原生性和场景性原则，如图 2-20 所示。

原生性原则是指广告内容和宣传产品看起来几乎一致，使广告内容与平台充分融合。

图 2-20

图片符合原生性原则有助于广告标题内容的传达，可增加用户的信任，使用户接受推广内容。

因此，营销人员在创作图片时应该借鉴平台原有素材的特点，尽量贴合平台的风格。

场景性原则是指图片直接呈现产品或服务的应用场景，让用户能够直接看到购买产品或服务后的应用场景。图片传达形象，能使用户快速理解和接受产品或服务。有助于增加用户的代入感，吸引用户注意力。

需要注意的是，营销人员在制作广告图片时，要尽量避免使用有明显电视广告或传统纸媒广告痕迹的图片。电视广告、纸媒广告的特点是画面比较精致，是经过精心设计的，由于现在的互联网用户已经处于严重的信息过载状态，这些精致的设计内容容易引起视觉疲劳，而符合原生性、场景性原则的图片反而能够取得好的效果。

3. 视频策划

随着近年来短视频平台的兴起，视频类的广告创意占比正在快速上升。作为新媒体营销人员，需要全面了解广告视频的类型以及提升广告视频素材转化率的方法。

（1）广告视频类型。

目前，比较热门的广告视频有以下几种类型。

- 情景剧类

在情景剧类的广告视频中，创作者通过情景剧的形式，制造故事冲突，引导用户观看完整的视频内容，引发用户对广告内容的关注刺激用户点击相关链接，从而实现转化。

- 一人分饰多角类

在互联网广告中，一人分饰多角的视频是出现得较多的一种类型。一人分饰多角对演员的演技和剧本的内容质量都有较高要求。

- 口播讲解类

口播讲解类视频，是口播讲解人员清晰讲述推广产品的视频类型。专业、高效、快节奏的口播内容可以加深用户对产品的理解。

- 教程干货类

教程干货类视频是先给用户传达相关的专业知识来体现内容价值的视频类型，例如美妆教程、学习教程、美食生活、家装技巧等视频。这类视频能够先给用户传达一些专业知识，引起用户的兴趣，获取用户比较精准，转化的概率较高。

- 名人代言类

相对来说，名人代言类视频的宣传效果比较好，但它的成本也比较高，因此名人代言比较适合大品牌。名人代言类的广告视频可以利用名人效应，提高品牌的知名度和消费者的信任度。新品牌也可以利用名人代言，快速打开市场。

（2）提升广告视频素材转化率的方法。

在策划视频的时候，首先确定视频的类型，围绕具体的视频类型来确定风格和叙事的方式，撰写视频脚本。在这一过程中，营销人员应注意以下创作要点，以提升视频素材的转化率，如图 2-21 所示。

图 2-21

- 强调真实感

在进行广告视频创作时，营销人员可以通过强调真实感，提升用户对产品的信任度，从而吸引用户观看完整的视频，促进用户转化。

- 引发用户对美好生活的向往

在进行广告视频创作时，营销人员如果可以突出用户使用产品的某种体验，展现产品给用户带来的美好生活，用户由于对这种美好生活比较向往，也会被视频吸引。

- 重视黄金 3 秒

视频播放的前 3 秒，是广告视频的黄金 3 秒。营销人员可以在这 3 秒内使用制造冲突或留下悬念的手法，引导用户继续观看。用户如果能够看完前 3 秒，就很可能完整观看广告视频。

- 采用生活化的表述方式

生活化的表述方式即以生活化的语言进行表达，让用户感觉亲切自然，在观看的过程中，不会有一种被营销的感觉，而是像和朋友交流一样，这样能够卸下用户的防备心理。

- 添加明确的行动指引

在广告视频中间或即将结束时，营销人员要注意添加明确的行动指引，告诉用户去做某个动作，例如，点击屏幕下方的链接、点击屏幕右侧的收藏按钮等。有时候用户看完精彩的内容，虽然被触动了，但是不知道要做什么，这时候明确的行动指引就可以提醒用户，也能增加转化。

2.2　广告落地页

落地页即英文 Landing Page 的翻译，也称着陆页。落地页是用户点击广告创意之后首先跳转的页面，形式非常多，可以是一个具体的移动端的页面、一个 PC 端的页面、一篇微信公众号的文章，甚至可以是一个下载应用的页面。

在进行互联网广告投放时，由于广告实现的主要目标不同，达成目标的路径也不相同，落地页会随着营销目标不同而产生变化。

2.2.1　认识广告落地页

常见的落地页类型有销售线索收集型、应用推广型、文章推广型、商品推广型和门店推广型，如图 2-22 所示。

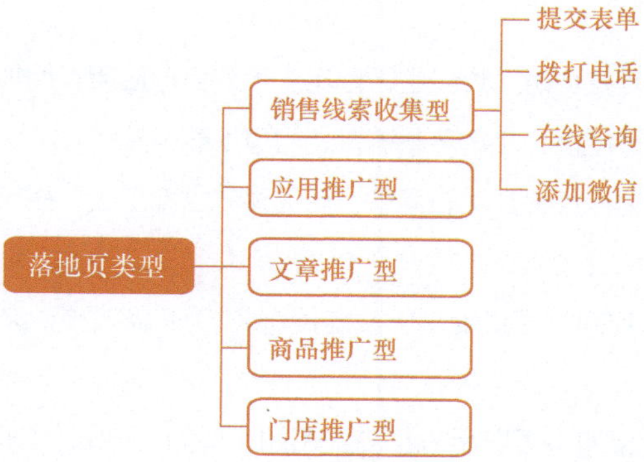

图 2-22

1.　销售线索收集型

当营销目的是收集销售线索时，广告主希望能收集用户的线索，提供给销售团队，用于后续跟进并成单。为了达到这个目的，营销人员在设计落地页时就会围绕获取用户的线索展开，常见的线索内容就是姓名和电话。不同类型的销售线索收集型落地页的差异主要是转化形式的差异，几种常见的转化形式如下所述。

（1）提交表单。

让用户提交表单是落地页中常见的信息收集形式。由于营销目的的不同，每个具体的表单也不完全一样，有些营销人员在设计表单时除了姓名和电话填写框外，还会添加地点、预算等各类信息填写框。

（2）拨打电话。

在落地页中，可以直接添加"电话拨打"的智能按钮，手机会直接唤醒电话拨打功能，如果用户有需求，可以直接给广告主打电话。

（3）在线咨询。

如果采用在线咨询的形式，用户可以在落地页中，点击"在线咨询"按钮，落地页连接的广告主的客服系统会自动分配客服和用户沟通。

（4）添加微信。

随着微信成为人们在网络上常见的联系手段，在收集信息的时候，也可以直接让用户添加广告主的企业微信。

2. 应用推广型

当营销目的是应用推广时，广告主希望用户下载目标应用，增加应用的下载量。下载的链接通常为安卓下载链接、iOS 下载链接、网页下载链接等。

这类落地页的转化组件设计比较简单，可提供"立即下载"按钮，用户点击按钮后跳转到相应的应用下载地址。

一般的广告平台都同时提供安卓下载链接和 iOS 下载链接，会自动跳转到对应的下载地址。

现在安卓的下载渠道主要以手机厂商，例如，华为、小米、OPPO 等自带的应用商店为主，第三方的安卓应用下载渠道主要是腾讯旗下的应用宝等。在具体推广时，营销人员需要确认广告平台对不同下载渠道的适配性，确保下载链接不会被屏蔽。

3. 文章推广型

当营销目的是文章推广时，广告主希望直接优化某篇文章的阅读数据，让这篇文章被更多的人看到。

在这个场景下，落地页其实就是文章本身，不再需要单独设计相关的内容。文章推广型落地页包括通过巨量引擎去推广头条号的文章、通过腾讯广告投放平台推广微信公众号的文章、通过百度营销搜索推广平台推广百家号的文章等形式。此外，微博的广告系统和小红书的广告系统也可推广相关的图文内容。

4. 商品推广型

当营销目的是商品推广时，广告主希望直接增加产品的销量。

通常来说，商品推广会涉及一系列供应链流程，如商品管理、订单确认、发货安排等，对相应的落地页面功能要求比较多。在商品推广的场景中，落地页通常呈现的是电商的购买页面，其设计需要基于专门的电商系统才能完成。

5. 门店推广型

当营销目的是门店推广时，广告主希望增加线下门店的到店人数，线上的推广能让更多的人到某个具体的门店进行消费。

用户可以在门店推广页面收藏店铺、查看门店地址等。营销人员需要使用广告平台提供的门店管理系统，在广告平台上创建门店信息，通常包括门店地址、名称、营业时间和联系电话等；也可以添加门店的主打商品以吸引用户；还可以添加门店的营销活动，借助活动吸引用户。

2.2.2　策划广告落地页

前面介绍了落地页概念及落地页类型，接下来将介绍落地页的组成及其关键部分的策划过程，如图 2-23 所示，帮助营销人员掌握落地页策划的技能。

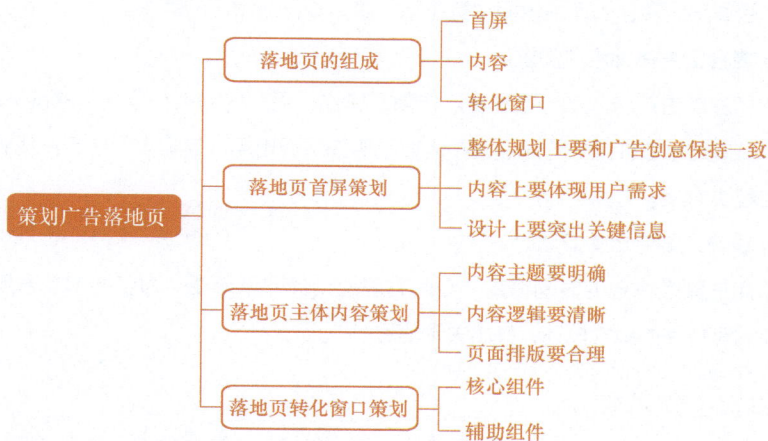

图 2-23

1. 落地页的组成

普通用户在什么情况下会看到广告落地页？

用户在浏览信息时，首先看到的是和普通内容融合在一起的广告创意，如果广告创意无法吸引用户，那么这个用户就流失了，用户不会点击，也就看不到落地页。只有当用户被广告创意吸引，才会有兴趣点击从而进入落地页。互联网广告落地页的作用就是要承接住来自广告创意的流量，尽可能多地让这些流量实现转化，这样才算真正实现了一次推广。

用户进入落地页之后看到的第一个内容就是首屏；如果用户想要了解本次推广的详细信息，就会继续查看落地页中的内容；用户看完落地页内容之后，就会出现转化窗口，例如，填写个人信息、下载应用等。

一个完整的落地页通常由首屏、主体内容、转化窗口三个部分组成。

2. 落地页首屏策划

落地页的首屏就是用户点击广告创意、打开落地页之后看到的第一屏。在进行落地页首屏策划的过程中，营销人员要遵守以下 3 个原则。

（1）整体规划上要和广告创意保持一致。

落地页首屏要跟广告创意内容高度一致，对广告创意进行有效的承接，这样才能有效地将用户留存在落地页内，或者直接促成转化。这里提到的保持一致，不仅是内容保持高度一致，引导用户转化的理由也要保持逻辑一致，要符合用户的需求。

（2）内容上要体现用户需求。

用户能够点击广告创意，意味着广告创意抓住了用户的痛点在落地页的首屏策划中，营销人员可以直接抓住用户的痛点，在内容上明确体现出用户的需求，让用户找到针对自己痛点的解决方案。

（3）设计上要突出关键信息。

当下用户阅读信息的时间很短，因此首屏的设计非常重要。为了能够节省用户的时间，需要用有特点的版式设计，突出关键信息。

3. 落地页主体内容策划

用户看完落地页的首屏内容后，如果还有兴趣继续看，意味着首屏的内容已经不能满足用户的需求，用户需要更多的信息帮助决策。

此时，落地页的主体内容就很重要，主体内容应把推广的产品或服务介绍清楚，帮助用户充分理解，并争取用户的认可。在策划落地页主体内容的时候，营销人员需要遵守以下原则。

（1）内容主题要明确。

通过广告创意和落地页首屏，用户已经对推广的产品和服务有了基本的了解，也形成了一定的预期。

因此，在落地页主体内容的策划过程中，营销人员需要延续首屏当中体现的主题，并进行更深入的解读或概念分解，从多个角度呈现产品和服务相关的内容信息。

需要说明的是，为了填充内容而增加很多跟首屏中主题无关的内容，是非常错误的做法。

（2）内容逻辑要清晰。

在明确了需要突出的内容之后，就需要考虑如何组织这些内容，让这些内容保持清晰的逻辑，便于用户快速理解。

这里有一个常见的展示结构，主要从 4 个问题展开。

- 问题是什么：列出用户的问题。
- 问题的危害：陈述这些问题带来的危害。
- 谁可以解决：展示可以解决问题的产品和服务。
- 为什么能够解决：运用证据突出产品和服务的优势。

营销人员在策划落地页主体内容的时候，可以将信息归类，借助上述常见的展示结构来组织内容。

（3）页面排版要合理。

确定了主题和内容之后，第三个要点就是页面排版。很多用户浏览信息时，不喜欢阅读大段的文字内容，而会被好看的图片和简短的文案吸引。在落地页的所有组成部分中，主体部分是字数最多的，也是最容易出现大段文字内容的。因此，营销人员在对这个部分进行设计的时候，应该充分运用设计思维，对页面进行合理排版。

这里介绍 4 个基本的排版原则。

对齐。常见的对齐形式有左对齐、右对齐、居中对齐等，如图 2-24 所示，对齐的目的是让相同层次的信息有条理，具体执行的时候可以参照一些水平线或垂直线对齐。

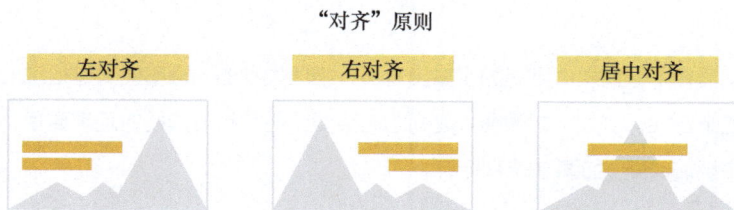

图 2-24

对比。常见的对比形式有大小对比、颜色对比、位置对比、字体对比等，如图 2-25 所示，对比的目的是使版面清晰，突出重点，让主题更加明确。

“对比”原则
大小对比
甲
乙
丙
颜色对比
甲
乙
丙
位置对比
甲
乙
丙
字体对比
甲
甲
甲

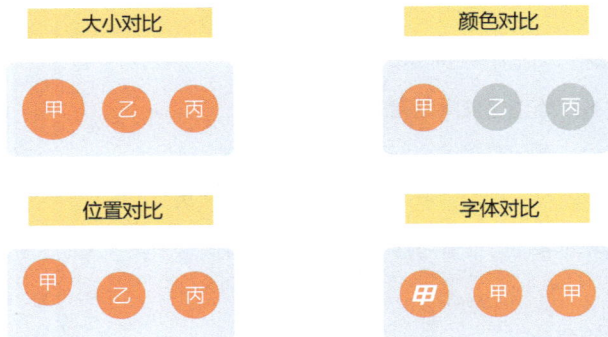

图 2-25

重复。重复就是指让某些视觉元素在一个作品中重复出现，例如，画面中有三个二级标题，那么它们的字体、字号和颜色最好都是统一的；文本的行距、图标的风格、项目符号等都是统一的，如图 2-26 所示。

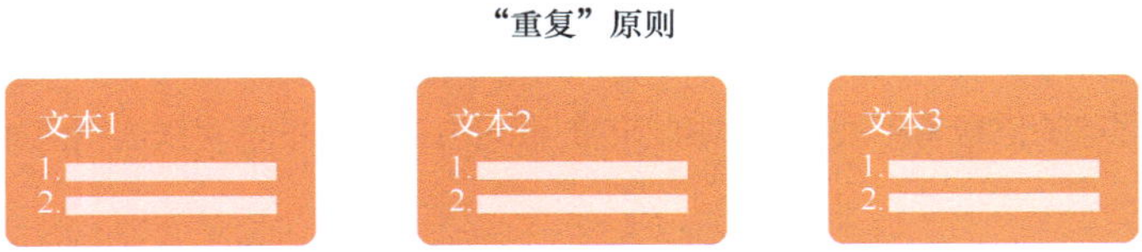
“重复”原则
文本1
1.
2.
文本2
1.
2.
文本3
1.
2.

图 2-26

亲密。遵循“亲密”原则是为了突出分类，相同类别的元素不能太过松散地出现，应保持一定的亲密性。例如，并列图片之间的距离要比图片距离边线的距离更短，这样类别关系看起来更加清晰，如图 2-27 所示。

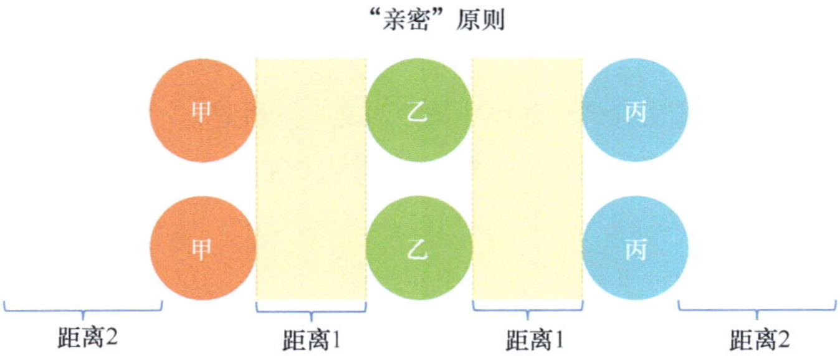
“亲密”原则
甲
乙
丙
甲
乙
丙
距离2
距离1
距离1
距离2

图 2-27

在设计落地页主体内容的版式时，营销人员可以充分运用上述原则开展设计工作。由于落地页的主体内容较多，为了让用户快速获取信息，营销人员可以把相关的内容分类之后进行模块化展示，这也是一种比较主流的呈现方式。

优质的落地页主体内容主题要明确，要围绕核心卖点展开，细分用户的需求，展示高度相关的内容；文案逻辑合理，符合用户的阅读习惯；页面排版要合理，可以采用模块化展示，这样有利于用户迅速捕捉关键信息。

4.落地页转化窗口策划

落地页存在的目的就是促成转化，能带来高转化率的落地页就是优质的落地页。在落地页中，负责转化的是转化窗口。

在常规的落地页，转化窗口至少会出现两次，分别在首屏的底部和整个落地页的底部。

一个转化窗口通常由两个部分组成：核心组件和辅助组件。

（1）核心组件。

核心组件不同，可以实现的目的也不同。核心组件的设置和前文的落地页类型息息相关。

在销售线索收集型落地页，最常使用的核心组件是表单。在表单中，用户可以填写自己的相关信息，例如，姓名、电话等，当用户完成了信息填写，广告主的转化目标也就达到了。新媒体营销人员在设计表单的时候，不能设置过多的填写项，也不能设置敏感信息的填写项。常见的敏感信息是身份证号码。在广告投放的推广阶段，当用户打开落地页开始填写相关信息的时候，已经被推广内容打动了，而如果因为信息过多或者涉及个人敏感信息不愿意继续填写，那么用户就会流失，转化也就失败了。

在应用推广型落地页，最常使用的核心组件是"立即下载"按钮，用户点击这个按钮可以进入应用商店，自行下载 App。

在文章推广型落地页，最常使用的核心组件是二维码，用户扫描二维码，跳转到加微信好友或商品购买页面，从而促进转化。

在商品推广型落地页，主要的核心组件就是购买链接，点击后可以打开链接直接购买商品。

在门店推广型落地页，核心组件常常设置为二维码，用户直接扫码，添加企业微信，直接和门店客服进行交流。

（2）辅助组件。

辅助组件就是辅助落地页内容，加快用户转化的一些组件。常见的辅助组件有倒计时、互动记录等。

- 倒计时组件：就是当用户进入落地页时，就会提醒用户优惠活动即将结束的组件。用户看到类似的信息心理会紧张，常常会因为害怕错过优惠而购买。

- 互动记录组件：就是在页面提示已有多少人购买或填写的组件，有些提示用户的姓名缩写和电话，有些则提示已经转化的用户数量。微信公众号的文章里有一种互动记录组件，把很多微信用户的头像制作成一张动图，模拟很多用户对文章进行了赞赏。互动记录组件的设计是充分利用了用户的从众心理。

本篇知识巩固 👉

知识拓展 ▶

传统营销方式构建的基础是大众媒体，比如电视、报纸等。媒体的变化，必然会推动营销方式的变化。

在电视主导的媒体时代，广告想要取得好的营销效果，可以在电视播出的黄金时间段，大量、重复地进行广告投放。广告主投放的广告通常会采用夸张、有强烈对比的广告语，以吸引消费者的关注。如脑白金广告，使用"今年过节不收礼，收礼只收脑白金"一句广告语，持续播出十几年，深入影响了它的目标用户。

而随着新媒体的快速发展，在各类新媒体上看到的广告跟电视广告却大不相同。以常见的微信朋友圈的广告为例，微信用户在浏览朋友圈的时候，看到这样一句话，"刚交的房子别着急装修，万一装错就亏大了"。这句话既没有品牌名、也没有购买引导，在文案下面通常还会配 9 张整齐的家装图片。整个广告看起来就像是某个朋友在微信朋友圈发的感慨。

如果自己有装修的需求，通常会关注这种"感慨"，了解一下朋友的"经验"。而很多没有装修需求的用户，则可能直接就刷走了。这就是新媒体环境下经常会出现的广告场景。

在电视媒体中，广告都是"强硬"地出现在观众看电视的过程中，如电视剧开播前、重要节目开播前等。广告重复出现，"强硬"植入信息，观众如果被打动，需要主动拨打广告中的电话号码或自己到商店购买产品。

而在互联网平台中，广告以一种和平台内容相似的形式出现，如朋友圈的广告就类似于朋友发的信息，今日头条的广告特别像一条正常推送的信息，用户如果不仔细看甚至注意不到这些内容是广告。而用户只要感兴趣，通常只需要填写自己的手机号码，便会有专人联系。

可以说，传统媒体的广告是强势"占有"观众的时间和注意力，但是又没有具体的转化路径，广告主无法知晓某一条广告能够带来多少转化用户；而在新媒体时代，可以通过具体的数据衡量广告的转化效果。

技能测试

一、单选题

1. 作为信息流广告的代表性产品，今日头条的信息流广告创意样式非常多，以下说法错误的是（　　　）。

   A. 大图类的广告创意样式，与小图类的广告创意样式相比，广告图片的尺寸更大，占据的版面更多，图片是用户关注的焦点

   B. 视频类的广告创意样式，与大图类的广告创意样式非常相似，二者的布局几乎一致，各种功能模块也几乎相同

   C. 微动类的广告创意样式，和大图类的广告创意样式非常相似，只是广告图片当中的元素不可以调整出现的顺序

   D. 全景类的广告创意样式，在版面形式上和大图类的广告创意样式相似，核心的区别是大图变成了 360°的全景式 VR 素材

2. 文章推广型落地页一般是通过（　　　）来引导用户实现转化的。

   A. 视频　　　　　　　　　　　　B. 文章

   C. 链接　　　　　　　　　　　　D. 图片

3. 在应用推广型落地页，最常使用的核心组件是（　　　）。

    A. 二维码   B. 购买链接

    C. 表单   D. "立即下载"按钮

4. 进行落地页首屏策划过程中，营销人员需要注意的是（　　　）。

    A. 整体规划上要和广告创意保持一致

    B. 内容上要体现用户需求

    C. 设计上要突出关键信息

    D. 以上都是

5. 在广告创意样式中，（　　　）是由多张大图组合起来并自动播放的，相当于组图类广告创意样式的升级版。

    A. 微动类的广告创意样式   B. 大图类的广告创意样式

    C. 轮播类的广告创意样式   D. 全景类的广告创意样式

6. 关于销售线索收集型落地页，下列不属于它的转化形式的是（　　　）。

    A. 立即下载   B. 在线咨询

    C. 提交表单   D. 添加微信

二、多选题

1. 撰写广告创意标题时需要遵循一定的步骤。以下说法正确的有（　　　）。

    A. 营销人员在撰写广告创意标题的时候，首先需要明确推广内容

    B. 营销人员在撰写广告创意标题的时候，需要明确产品或服务的目标用户群体

    C. 营销人员在撰写广告创意标题的时候，用户对广告的理解成本越低，信息传达越有效

    D. 对于单条广告信息而言，广告内容越专业、越复杂，用户转化的可能性越大

2. 在广告创意中，图片中的视觉化信息往往能够第一时间吸引用户。在策划图片时需要遵循的原则有（　　　）。

    A. 原生性   B. 丰富性

    C. 场景性   D. 真实性

3. 广告创意有很多，常见的广告创意类型有（　　　）。

    A. 信息流广告创意　　　　　　　　　B. 社交网络广告创意

    C. 搜索引擎广告创意　　　　　　　　D. 自媒体广告创意

4. 关于落地页转化窗口的说法，下列选项中正确的有（　　　）。

    A. 在常规的落地页，转化窗口至少出现两次，分别在首屏的底部和整个落地页的底部

    B. 转化窗口通常由核心组件和辅助组件两个部分组成

    C. 落地页的辅助组件就是辅助落地页，加快用户转化的一些组件。常见的辅助组件有倒计时、互动记录等

    D. 落地页的核心组件不同，但目的是一样的

5. 一个完整的落地页，主要由（　　　）组成。

    A. 首屏　　　　　　　　　　　　　　B. 菜单栏

    C. 转化窗口　　　　　　　　　　　　D. 主体内容

6. 策划落地页主体内容的时候，营销人员需要遵循的原则有（　　　）。

    A. 内容主题要明确　　　　　　　　　B. 内容逻辑要清晰

    C. 原生性和场景性　　　　　　　　　D. 页面排版要合理

三、判断题

1. 搜索引擎广告创意和信息流广告、社交广告创意形式不同，更加复杂多样。（　　　）

2. 搜索引擎广告创意标题是一长串内容，通常可以输入 5~90 个字符。（　　　）

3. 用户进入落地页之后看到的第一个内容就是转化窗口。（　　　）

4. 落地页首屏要跟广告创意内容高度一致，对广告创意进行有效的承接。（　　　）

5. 新媒体人员在设计表单的时候，可以设置敏感信息的填写项，如身份证号码。（　　　）

6. 广告主的营销目的是销售线索收集时，营销人员在设计落地页时会围绕获取用户的线索展开，常见的线索内容就是姓名和电话。（　　　）

四、案例分析题

　　某公司正在宣传 A 产品，为了更好地实现推广目的，准备让营销人员设计一款落地页。该公司选择落地页的原因是什么呢？

第二篇

互联网广告投放篇

互联网广告具有数据驱动的特点。互联网广告投放,不再单纯以广告人的洞察和创意为出发点,而是通过对营销数据的深入分析,明确目标人群的特点,将广告定时、定点、定量地投放给指定人群,从而提升整体的营销转化效果。 要做到这一点,就必须通过技术平台实现。开展互联网广告业务的互联网公司,都会有一个专门的广告投放平台,这个平台一端连着无数的广告位,可以展现各式各样的广告内容;另一端连着广告主,方便有营销需求的广告主在这个平台上投放各类广告。 本篇将会介绍如何在广告投放平台完成广告投放,具体包括信息流广告投放、社交网络广告投放、搜索引擎广告投放等内容。通过学习各广告投放平台的功能及操作流程,读者能提升营销专业技能,更好地完成新媒体营销工作。

第 **3** 章

互联网广告投放准备

- 主要的互联网广告投放平台的基本情况
- 互联网广告投放平台的广告投放方法

知识导图 👉

```
                                                    巨量引擎广告投放平台
                                                    (以巨量引擎广告投放平台为主介绍)

                              在哪投：互联网广告投放平台    腾讯系广告投放管理平台
                                                    (以腾讯系广告投放管理平台为主介绍)

                                                    百度营销搜索推广平台
                                                    (以百度营销搜索推广平台为主介绍)

                                                    其他投放平台
互联网广告投放准备

                                                    认识广告账户结构

                              怎么投：互联网广告投放方法    信息流广告投放平台账户结构搭建思路

                                                    搜索引擎广告投放平台账户结构搭建思路
```

3.1　在哪投：互联网广告投放平台

营销人员在了解新媒体营销和互联网广告的基本概念的基础上，需要学习如何在互联网广告投放平台进行广告投放，不同类型或者不同媒介的内容可能要通过不同的广告投放平台进行投放，比如，常用的信息流广告投放平台有巨量引擎广告投放平台，社交网络广告投放平台有腾讯系广告投放平台，搜索引擎广告投放平台有百度、神马推广等广告投放平台。本节将介绍几类不同的互联网广告投放平台。由于每个互联网广告投放平台都会根据产品需求随时优化平台的功能，所以每个互联网广告投放平台在不同时期展示的形式可能会有区别，本书主要参考 2021 年 9 月各平台的页面形式；同时需要说明的是虽然每个互联网广告投放平台在不断优化，但是平台的主要功能并不会发生大的变化。

3.1.1　巨量引擎广告投放平台

信息流广告投放平台的主要代表是巨量引擎广告投放平台，它的流量主要分为三个部分，分别是核心流量、垂直流量和第三方流量。巨量引擎营销资源图谱如表 3-1 所示。

表 3-1

广告媒体		主要广告资源类型	
头条 今日头条	让优质丰富的信息得到高效精准的分发	开屏广告	信息流广告
		今日头条 App 启动时展示，支持静态、动态模式	信息资讯流中穿插展现的原生广告形式
		搜索广告	—
		在今日头条 App 中搜索，搜索结果展示广告	—
抖音	记录美好生活的短视频平台	开屏广告	信息流广告
		抖音 App 启动时展示，视觉冲击强	满足曝光、点击、下载、涨粉等多维度营销需求
		搜索广告	DOU+

续表

广告媒体			主要广告资源类型	
	抖音	记录美好生活的短视频平台	在抖音 App 中搜索，搜索结果展示推广信息	为抖音内容增加热度的营销推广工具
			企业号	—
			企业蓝 V 认证，沉淀企业内容，展示品牌形象	—
	西瓜视频	为不同人群提供优质内容	开屏广告	信息流广告
			西瓜视频 App 启动时展示，强势霸屏，覆盖多营销场景	自然融入阅读过程，优质高效地触达目标用户群体
			视频后贴片	—
			在视频播放完成后进行广告展示，支持图片、视频等广告样式	—
	懂车帝	汽车行业平台，助力品牌认知快速提升	开屏广告	信息流广告
			打开懂车帝 App 时进行全屏展示，触达海量人群	在信息流中穿插展示，支持跳转、呼叫等多种互动形式
	Faceu 激萌	为年轻用户提供拍照、录视频等服务	开屏广告	贴纸
			开屏多样式展示，海量曝光，强感官刺激，抢占视觉焦点	趣味时尚互动形式，融合品牌元素，可二次传播
			H5 定制	—
			官方设计师结合相机产品特性及传播需求定制 H5 广告	—
	住小帮	家居产业精准营销平台，聚集众多家装需求人群	开屏广告	信息流广告
			全方位覆盖家居垂类人群，满足客户强曝光需求	广告穿插在信息内容流中进行原生展示
			装修服务推荐	—
			独有装修频道，帮助客户获取家装刚需用户，加强转化效果	—

续表

广告媒体			主要广告资源类型	
幸福里	幸福里	房产信息与服务平台，集内容、社区、工具于一体	开屏广告	新房效果转化服务
			广告在 App 启动时全屏展示，是超级流量入口，触达购房群体	新房频道楼盘专属推荐位，实现房源在热门位置优先展示
图虫	图虫	提供满足市场营销和广告投放全场景资源	图虫社区	图虫创意
			提供全方位的视觉营销服务	专注为品牌、新媒体等垂直行业提供覆盖全营销场景的素材
			图虫 Prem	—
			打造适合企业商业场景的广告素材库	—
穿山甲	穿山甲	全面助力 App 流量变现，推动全球开发者高效成长	开屏广告	信息流广告
			移动流量曝光第一入口，短时间实现规模化强势曝光	聚合流量端优质流量和丰富的原生样式，达成广告主营销目标
			激励视频	
			用户可以选择观看视频广告来换取应用或游戏内有价值的东西	—
番茄小说	番茄小说	提供海量正版小说，原生沉浸式广告	开屏广告	信息流广告
			App 开启时进行首屏展示，用户覆盖量大，视觉冲击力强	广告出现在小说章节前 / 章节内 / 听书页前等位置
			首页弹窗广告	—
			用户开启频道页前，页面中央出现弹窗广告	—

1. 核心流量

核心流量是巨量引擎广告投放平台的主要流量，这部分流量主要分布在今日头条、抖音、西瓜视频和懂车帝四个产品中。

2. 垂直流量

垂直流量是巨量引擎旗下一些专注于某个领域或者某项业务的产品的流量。垂直流量主要分布在 Faceu 激萌、住小帮、幸福里、图虫和番茄小说几个产品中。

3. 第三方流量

巨量引擎广告投放平台中用于投放第三方流量的工具是穿山甲。穿山甲主要用于助力 App 流量变现，当广告主在巨量引擎广告投放平台投放广告时，可能巨量引擎广告投放平台的产品和流量不能满足广告主的需求，广告主还想同时在别的领域投放流量，这时就需要依靠穿山甲。

如果广告主需要在巨量引擎广告投放平台进行广告投放，首先需要在巨量引擎广告投放平台开户。广告主需要联系巨量引擎广告投放平台的工作人员协助开户，开户过程中需要在工作人员的指导下提供相关材料进行审批，然后给账户充值，才能正式完成开户。

3.1.2　腾讯系广告投放管理平台

社交网络广告投放平台的主要代表是腾讯系广告投放管理平台，其资源丰富，功能多样，详情可见腾讯广告营销资源图谱，如表 3-2 所示。

表 3-2

广告资源			推广目标	
QQ 广告	国内排名第一的年轻社交平台，基于海量用户社交关系，用黑科技和多元参与方法赋能品牌在社交、运动、购物、游戏等场景中与年轻用户深度互动	手机 QQ	推广品牌活动	推广我的门店
			兴趣部落文底大图是原生信息流，点击率高	QQ 购物图文广告
			推广我的商品	推广我的应用
			QQ 购物橱窗广告	QQ 天气消息页广告
		QQ 空间	推广品牌活动	推广我的门店
			首页信息流第三条	首页信息流第七条
			推广我的商品	推广我的应用
			沉浸视频流	首页信息流第七条
腾讯视频广告	中国领先的在线视频媒体平台，广告以原生形式出现在娱乐化流量场景中，智能触达用户，可影响用户对品牌的认知		推广品牌活动	推广我的门店
			闪屏	—
			推广我的商品	推广我的应用
			信息流大图	前贴片

续表

广告资源			推广目标	
	腾讯新闻广告	业界领先的新闻资讯平台。广告出现于资讯信息流中，依用户属性、历史浏览行为、兴趣偏好等智能投放	推广品牌活动	推广我的门店
			通过媒体影响力，优质内容生产，助力品牌实现企业社会责任传播，并借助内容营销合作增加品牌与用户之间的情感关联	—
			推广我的商品	推广我的应用
			根据用户属性、历史浏览行为和兴趣爱好进行智能定向投放，通过原生形式提升电商曝光，引流，互动率，降低转化成本	根据用户属性、历史浏览行为和兴趣爱好进行智能定向，通过原生形式助力产品相关应用的下载转化或直接跳转至应用内指定页面，实现高效转化
	腾讯看点广告	腾讯看点立足于腾讯社交生态优势，以腾讯QQ·看点、QQ浏览器·看点和看点快报App三端为核心，形成"社交×资讯"全场景打通的产品矩阵，有效提升内容分发效率	QQ浏览器广告 推广品牌活动	推广我的门店
			闪屏	信息流广告
			推广我的商品	推广我的应用
			视频暂停大图	沉浸式视频流
			收集销售线索	—
			内容页广告：在文章底部自然融入广告内容，带来更流畅的信息展示，符合用户阅读习惯	—
			天天快报广告 推广品牌活动	推广我的门店
			闪屏	—
			推广我的商品	推广我的应用
			信息流广告	信息流广告

续表

广告资源			推广目标		
腾讯看点广告			QQ看点广告	推广品牌活动	推广我的门店
				首页信息流	文底信息流
				推广我的商品	推广我的应用
				文底大图	浮层视频
				收集销售线索	—
				原生信息流：点击率高；售卖灵活，同时支持 CPC 和 CPM 两种售卖	—
腾讯音乐广告		优质在线音乐娱乐平台，旗下包括 QQ 音乐、酷我音乐、全民 K 歌三大音乐产品。为品牌深度定制，实现听、唱、看、玩多维度泛音乐一体化营销	酷我音乐	推广品牌活动	推广我的门店
				闪屏：打开 App 即可看到，以全屏和长达数秒的强曝光形态展示。以强烈的视觉冲击力，瞬间捕获用户注意力，充分曝光品牌信息	—
				推广我的商品	推广我的应用
				焦点图	闪屏
				收集销售线索	—
				焦点图：视觉吸引力大，容易引起访问者的点击	—
			QQ 音乐	推广品牌活动	推广我的门店
				闪屏	—
				推广我的商品	推广我的应用
				闪屏	闪屏
				收集销售线索	—
				歌单底部图文 Banner：以静态图片形式出现在歌单底部	—

续表

广告资源			推广目标	
腾讯音乐广告		全民 K 歌	推广品牌活动	推广我的门店
			闪屏	—
			推广我的商品	推广我的应用
优量广告		基于腾讯广告生态体系，依托于腾讯广告平台技术，在合作媒体上展示广告的产品。汇集 10 万 + App，月覆盖用户超过 10 亿	插屏广告	原生广告
			更大的展现尺寸，支持两种规格尺寸，支持 GIF、图片、图文、视频、动态创意、H5 富媒体	曝光规模占联盟比重超 60%；支持应用直达 + 动态创意；高融入性场景 + 优化转化链路
			开屏广告	横幅广告
			移动端尺寸最大的广告样式，支持 GIF、图片、图文创意；开屏广告在 App 启动时加载，全屏显示广告创意	支持应用直达 + 动态创意双管齐下，获客成本低
			激励视频广告	—
			全屏沉浸式体验，广告入口位置灵活，支持广告创建并设置相关定向，助力全屏营销	—

　　腾讯系广告投放管理平台的流量主要分为两个部分，一个是腾讯广告投放平台的流量，另一个是微信广告投放管理平台的流量。

1. 腾讯广告投放管理平台的流量

　　腾讯广告投放管理平台支持投放广告的产品有微信、QQ、腾讯视频、腾讯新闻、腾讯音乐。腾讯广告投放平台的第三方流量源于优量广告，也就是腾讯广告投放管理平台的外部流量，优量广告相当于巨量引擎广告投放平台的穿山甲。优量广告汇集了超过 10 万个优质 App，有猎豹清理大师、Wi-Fi 万能钥匙、连尚读书、蜻蜓 FM、美图秀秀等，月覆盖用户超过 10 亿。

2. 微信广告投放平台的流量

用微信广告投放平台主要投放微信朋友圈广告、微信公众号广告和微信小程序广告，用户在腾讯广告投放管理平台不能投放微信朋友圈广告，如果用户的推广目标是推广本地门店，可以选择在腾讯广告投放管理平台投放微信公众号广告和微信小程序广告，也可以直接在微信广告投放平台投放广告。

详情可见微信广告营销资源图谱，如表 3-3 所示。

表 3-3

广告形态	广告类型		
		产品特点	适用场景
朋友圈广告	常规式广告	采用与用户朋友圈信息流完全一致的经典样式 简洁明了，可便捷高效展示品牌形象 可包含门店标识，支持本地推广类目	如同朋友圈好友动态的形式，制作简洁，文案、图片、视频、链接灵活自由配置，提供多样的展示形式，满足个性化的创意表达，支持全类目推广
	组合式卡片广告	行动按钮、标签、卖点图等多种基础组件灵活组合 倒计时、直播内容轮播等行业组件，适配各种行业性推广	更大的点击热区，点击卡片素材可直达广告推广落地页 更丰富的组件类型，适合行业性推广 外显更多广告核心信息，让用户充分感受卖点
	全幅式广告	尺寸更大，适合讲述品牌故事 移动时代，更沉浸体验	全幅式卡片广告跳转至首页是全屏视频的原生推广页，给用户带来更好的沉浸式体验
	全景式广告	创新互动形式，用户转动手机，360°了解产品 右上角全景标识，凸显广告特殊性	—
	滑动式广告	可贴合品牌故事设置滑动路径 仅支持视频类型素材	—
	长按式广告	可贴合品牌故事设置长按互动，触发视频隐藏情节	—

续表

广告形态		广告类型	
朋友圈广告	长按式广告	用户在长按时，可触发品牌氛围动效 仅支持视频类型素材	—
	轮播式广告	外层展示 3~6 张素材，可左右滑动，全方位展示商品 多落地页支持，点击后可跳转到对应页面	—
公众号广告	文章底部	支持不同售卖方式，兼顾品牌 /效果客户需求 支持不同推广目标，满足不同营销诉求 支持多种创意样式和推广页，按需设置广告的展示和跳转效果 支持 16：9 大图式卡片 /16：9视频式卡片，凸显品牌格调	公众号底部广告提供了海量的曝光机会，丰富的广告形态，完善的跳转能力，支持全量推广目标，各类广告主都可以找到适合自己的广告投放方案
	文章中部	出现在公众号文章正文中，采用 16：9 大图形式，增加曝光机会 与公众号文章上下文具有相关性，提高转化效率	适用于电商、品牌与 App 下载广告主进行商品推广、品牌推介与应用推广，16：9 大图形式利于展现与传达更多商品、品牌与 App 信息，小程序落地页为广告主提供了更强的粉丝转化和沉淀能力，自定义链接满足了广告主更个性化的创意表达
	互选广告	真实、全面的数据服务，安全、高效的交易流程 内容场景营销，外层支持图片 /视频形态，更具表现力的广告样式 广告推荐、内容定制两种合作模式，助力品牌主与公众号粉丝群体深度沟通	—

49

续表

广告形态		广告类型		
公众号广告		文章视频贴片	用视频展示创意，让广告创意更丰富 素材类型丰富，图片型（5秒）和视频型（6~15秒），根据用户习惯选择合适的素材	内嵌在公众号文章内时长大于3分钟的视频前，可以更好吸引用户的注意，增加用户停留时长，提供两种素材类型，展现形式多样
小程序广告		Banner广告	可结合不同小程序特点，自定义广告展现场景，流量场景丰富多样 支持多种推广目标与推广页，满足不同营销诉求	展现场景由流量主自定义，根据各自小程序与小游戏的特点，灵活设置展现页面与位置。常见展现场景为：首页－开始游戏前、详情页－页面底部、信息流－信息流顶部或信息流之间
		激励式广告	视频默认有声播放 支持6~60秒视频素材（横屏/竖屏）与浏览原生推广页两种形式 观看视频完成后（激励视频样式）或浏览页面15秒（激励浏览样式）且被用户主动关闭后，用户将获取该小程序提供的对应激励（如复活/加分等）	展现场景由流量主自定义，根据各自小程序的特点，深度结合场景与情节，用户在查看广告后可获得相应激励奖励 常见展现场景为：积分/金币奖励、解锁新功能、通关/进阶、道具体验
		插屏广告	是指小程序在特定场景切换时以卡片方式弹出的广告形式 当用户触发流量主指定场景时，插屏广告就会自动向用户展现，同时支持用户随时关闭	展现场景由流量主自定义，无论是竖屏小程序还是横屏小程序，都可以基于用户实际的操作场景接入插屏广告组件 常见展现场景为：Tab栏切换时、流程结束页面、视频播放停顿页面等
		格子	支持小游戏推广目标 基于开发者设定，一次曝光展示1个或多个不同的格子广告 自动拉取小游戏头像/昵称作为广告外层图片与文案，同时支持自定义上传与修改文案	展现场景由流量主自定义，根据各自小程序的特点，灵活设置展现页面与位置 常见展现场景为：小游戏场景切换、通关场景、更多游戏推荐页

3.1.3　百度营销搜索推广平台

　　搜索引擎广告投放平台的主要代表是百度营销搜索推广平台，它的广告资源主要分布在百度 App、百度地图、百度贴吧、好看视频、百青藤等产品中，如表 3-4 所示。

表 3-4

广告媒体		主要广告资源类型
百度 App	中国最大的以信息和知识为核心的移动生态。10 亿用户在用的"搜索＋资讯"App，精准的需求表达带来高转化效果，"搜索＋推荐"的用户触点覆盖用户消费时刻和生活时刻	开屏广告
		开屏资源位置是 App 启动的第一入口、必经之路，覆盖海量用户，强势品效合一
		信息流广告
		展现在信息流中及文章详情页中间、底部等位置
		搜索广告
		在搜索结果显著的位置展示信息
百度地图	百度地图智能语音助手用户量突破 3 亿	单品
		黄金资源——地图开屏；地图品牌专区；国内普通非标——室内地图；国内普通非标——室外地图（精细化地图）；国内普通非标——室外地图（精细化地图配套资源）；国际化普通非标——室内地图；国内全景非标：POI（Point of Information，位置数据）类、采集类、精品全景专题、权威主题地图（智慧城市）；国际化全景非标：大型景区图、品牌动态（POI 类）、底图红字（POI 类）、详情页定制（POI 类）、资源类（PUSH 类）、资源类
		招商项目
		语音曝光资源（引流至语音包下载落地页） 卡路里大作战项目 地图导流资源 DEMO
百度贴吧	月活跃用户超过 3 亿，覆盖用户 15 亿 + 日均浏览量 35 亿 + 兴趣贴吧超过 2000 万	开屏广告

续表

广告媒体	主要广告资源类型
百度贴吧 月活跃用户超过 3 亿，覆盖用户 15 亿 + 日均浏览量 35 亿 + 兴趣贴吧超过 2000 万	丰富的开屏形态契合多营销场景，广泛覆盖品牌目标高创意延展空间，联动优质资源，强化品牌识别同时，实现高效互动转化。支持 CPT、CPM 多种计费方式 信息流广告 有效缩短内容链路，提升品牌信息传递效率。原生沉浸体验，多营销场景适配，高效展示吸引点击 整合营销 利用视觉冲击吸引用户注意力，提供良好的创意互动场景，促进品牌传播的同时兼顾效果转化
好看视频 全域日活跃用户 1.1 亿 30 亿短视频播放量 70 分钟独立 App 人均使用时长 66% 用户停留 3 分钟以上	开屏广告 通过定向找到对广告内容更感兴趣的用户 基础定向：社会属性、兴趣属性、地域属性、操作系统 高级定向：自定义人群包、观星盘自定义人群 购买方式：常规售卖方式、程序化售卖方式 信息流广告 主要样式：列表页 / 贴片广告，大图链接，大图下载，大图视频链接，大图视频下载，小图链接等 核心位置：好看 App 列表页 1~4 楼，好看后贴片（图片最长播放 15 秒，视频最长播放 30 秒），小图链接 - 详情页 1 楼
百青藤 百度系 + 联盟资源碎片化场景全覆盖，拓展更多商机 平均每用户安装 27 款应用，平均每用户每日启动 16 款应用	流量覆盖广 98% 网民覆盖，100 亿 + 日均广告流量，1.6 亿 + 信息流日活，7 亿 + 网民大数据画像 百度系 + 百青藤联盟资源，碎片化场景全覆盖 精准获意图 意图定向能力是百度独有的优势，精准捕捉 TA 实时意图 智能提效果

广告媒体		主要广告资源类型
百青藤		核心的 AI 计算能力：oCPC 强效模型算法，提升百青藤投放效果
		玩法新升级
		更多百青藤新玩法，多角度捕捉营销关窍
百度聚屏	百度推出的数字屏幕程序化广告平台，聚合了线下多类屏幕，触达消费者的多场景时刻，实现线下广告的整合及精准有效的程序化投放	线下场景
		影院场景
		楼宇场景
		生活服务场景
		出行场景
		家庭场景
		定向目标用户
		基础属性定向
		线上线下数据打通定向
		户外与智能电视、手机双重定向
		智能电视频道定向
		合约投放
海外营销	海外营销找百度	先进商业平台
		程序化平台：澎湃算力
		多种标准接口：快速接入
		海量数据洞察：精准获客
		优质营销资源
		头部平台合作：整合营销资源覆盖，全球 10 亿优质用户
		自有流量矩阵：海外输入法覆盖，全球 190+ 国家和地区
		全球化专业服务
		全球七大运营团队：日本 / 美国 / 新加坡 / 印度 /……
		多行业服务经验：游戏 / 电商 / 泛娱乐 /……
		百度顶级技术赋能：AI/ 大数据 /AR/……

3.1.4　其他投放平台

除了上文讲到的信息流广告、社交网络广告和搜索引擎广告的代表性广告投放平台外，不同类型的广告还有其他广告投放平台，比如，信息流广告也可以在磁力引擎广告投放平台进行投放，而磁力引擎广告投放平台也同样支持搜索引擎广告投放，神马搜集也支持搜索引擎广告投放。不同的平台可支持不同类型的广告投放。

3.2　怎么投：互联网广告投放方法

3.1 节前文已经介绍了不同的广告投放平台。那么，如何在这些广告投放平台上开展工作呢？

无论是巨量引擎广告投放平台、腾讯广告投放管理平台还是百度营销搜索推广平台。营销人员在这些平台上投放广告，其实都不是简单地发布几组广告素材，而是每天都需要更新 50 组左右的广告素材。

试想一下，每天更新 50 组，5 天就需要更新 250 组。每天还需要观察此前广告素材的数据情况，对于不合适的内容要做下线处理，替换成新的合格的素材。假设一名营销人员只需要管理一个广告投放平台上的一个账户，那么 5 天也需要处理至少 250 组广告素材。科学合理地安排这些内容，就成了工作的重点。

3.2.1　认识广告账户结构

一般来说，广告投放平台上一个合格的账户可以分为四个层级。

第一层是账户。这里的账户是指已开通的符合要求的广告投放账户。初级新媒体营销人员可能只有一个平台的一个账号需要管理，而进阶后的新媒营销人员就可能要管理多个平台的多个账号了。

第二层是广告组。广告组主要用以确认大的营销推广目的和营销转化链路。例如，获取销售线索和推广下载链接就属于两个不同的广告目的，用户点击广告的行动路线也不一样，新媒体营销人员在推广过程中，就需要把不同的营销推广目的区分开，放在不同的广告组中实现。在巨量引擎中，一个账号最多可以创建 500 个广告组。

第三层是广告计划。广告计划的关键点是定向、推广位置、预算和出价等的设置。在广告计划这一层级，通常决定了广告投放的位置、人群、时间、预算及价格等。在巨量引擎中，一个广告组最多可以创建 500 个广告计划。

第四层是广告创意。广告创意的关键点是创意素材及落地页。例如，在第三层中确定的一个广告计划，可以在第四层广告创意设置中上传多组素材，每组素材都需要包括一个创意内容和一个对应的落地页。在巨量引擎中，一条广告计划最多可以创建 30 组广告创意。

账户、广告组、广告计划和广告创意四层形成了一个类似于金字塔的"账户结构"。初级新媒体营销人员只管理一个账户，这个账户中会有 2 ～ 3 个广告组，每个广告组中又包括 2 ～ 3 个广告计划，每个广告计划中又包括 2 ～ 3 组广告创意，如图 3-1 所示。

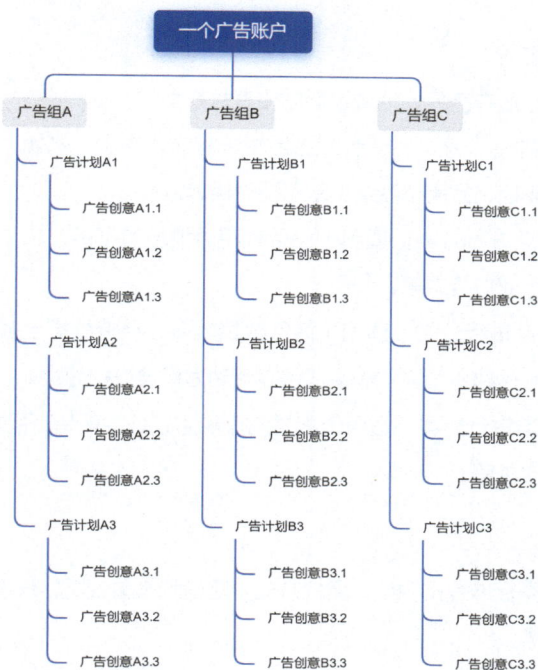

图 3-1

搭建广告账户结构，其实就是提前制订广告发布的规则，合理地为数以百计的广告内容进行分类。搭建广告账户结构的关键点就是确定账户结构中每一层的分类标准。

信息流广告投放平台和社交网络广告投放平台的结构形式比较相似，下面以信息流广告投放平台为例进行介绍。

搜索引擎广告投放平台的账户结构比较独立，虽然也有四个层次，但是和信息流广告投放平台的结构略有不同。百度营销搜索推广平台的账户的四个层次分别是推广账户、推广计划、推广单元、关键词和创意。

同时，由于账户这一层级是比较独立的，初级新媒体营销人员可能只会管理一个账户，不同账户的分配会由高阶新媒体营销人员来管理，以下搭建思路只针对一个账户的情况。

3.2.2 信息流广告投放平台账户结构搭建思路

下面介绍账户结构搭建思路，主要是为了明确每个层级的分类标准。为每个层级确认一个合适的标准，这样账户内的所有广告都能清晰明确，便于数据分析和运营管理。

1. 广告组分类标准

广告组的分类标准有产品、地域、活动和素材四类。

● 以产品为标准进行分类，适合产品线较丰富的广告主，例如，电商广告主可以把广告组分为电子数码组、家用电器组、新潮配件组等。

● 以地域为标准进行分类，适用于业务有明显地域特征的广告主，例如，家居建材广告主、本地服务行业广告主等。

● 以活动为标准进行分类，适用于活动数量较多，且持续推出各类品牌活动的广告主，电商广告主和家居建材广告主等也适合以活动为标准进行分类。

● 以素材为标准进行分类，适用于素材制作能力较强，但是产品相对单一的广告主，例如，教育行业广告主等。

2. 广告计划分类标准

广告计划的分类标准有资源位、竞价方式、定向和素材四类，这四类都是广告计划设置中的关键分类标准。

● 资源位，是指具体的广告发布的位置。以资源位为标准进行分类，是因为在一个平台中的不同位置，涉及的广告创意的常用形式、流量情况都不同，在广告投放的过程中区分不同的位置，可以提升广告投放的精细程度。

● 竞价方式，是指在广告计划设置过程中的关于竞价方式的选择。不同的竞价方式对应的转化效果及涉及的成本有所不同，不同的投放需求应该匹配不同的竞价方式。

● 定向，是广告计划设置过程中的重要步骤，是新媒体营销人员指定面向哪些人群进行投放的设置。不同的定向设置，所覆盖的人群不同，进而也会影响投放的各类数据结果。

● 不同素材的转化能力不同，在投放时进行区分，可以更好地区分有效的素材和无效的素材，可以更好地发挥创意的作用。

3.　广告创意分类标准

广告创意的分类标准有附加创意、功能组件、标题和素材四类，这四类也是广告创意设置中的重要部分，这里主要介绍前两类。

● 附加创意，一般是广告投放平台具有的一种功能，可以丰富广告创意的样式，达到提高创意点击率及转化率的目的。以附加创意为标准进行分类，便于重点评价附加创意的效果。

● 功能组件，也是广告投放平台具有的功能，不同的组件能够实现的效果及达到的目的不一样，多种组件可以帮助广告创意更好地投放，提升整体效果。以功能组件为标准进行分类，可以进一步优化广告创意。

以标题和素材进行广告创意分类更常见，这样便于对广告创意进行合理的区分。

3.2.3　搜索引擎广告投放平台账户结构搭建思路

前文介绍了典型的信息流广告投放平台账户结构搭建方法，下面结合百度营销搜索推广平台的特点，介绍搜索引擎广告投放平台账户结构。

搜索引擎广告投放平台账户也可以从四个层次认识和搭建，每一个层级的名字略有不同。

百度营销搜索推广账户的四个层次分别是推广账户、推广计划、推广单元和推广创意。

需要指出的是，搜索引擎广告营销和信息流广告营销不同。例如，用户使用百度搜索内容时，有明确的搜索目的；但是用户在今日头条看新闻时，是在漫无目地浏览内容。因此，搜索引擎营销特别注重对用户关键词的设定，通过锁定关键词来锁定用户需求。

在具体的账户搭建上，除了可以沿用前文介绍的思路，还可以从关键词的角度来设计账户结构。这里重点介绍关键词的类型和含义。

在对一个产品进行搜索推广时，跟产品相关的关键词通常可以分为品牌词、产品词、人群词、活动词、竞品词及通用词六类。

（1）品牌词，是指明确带有企业品牌名称的关键词，例如天猫、携程等。

（2）产品词，是带有企业所提供的产品、服务大类或细分小类名称的关键词，例如，

iPhone 13、燃茶等。

（3）人群词，是面向目标用户，基于目标用户主要兴趣点的关键词，例如，时尚穿搭、减肥瘦身等。

（4）活动词，主要是指节假日或企业促销活动的名称，这类词通常用来介绍节日、周年庆等营销活动。

（5）竞品词，是指竞争对手的品牌词或产品词。

（6）通用词，通常是基于某一行业类别的关键词，但是比产品词更加宽泛，如手机、计算机、电视等。

不同关键词的作用不一样，在具体的投放过程中，需要结合不同的营销目标，选择合适的分类方式，搭建合理的账户结构。

第 4 章

信息流广告投放

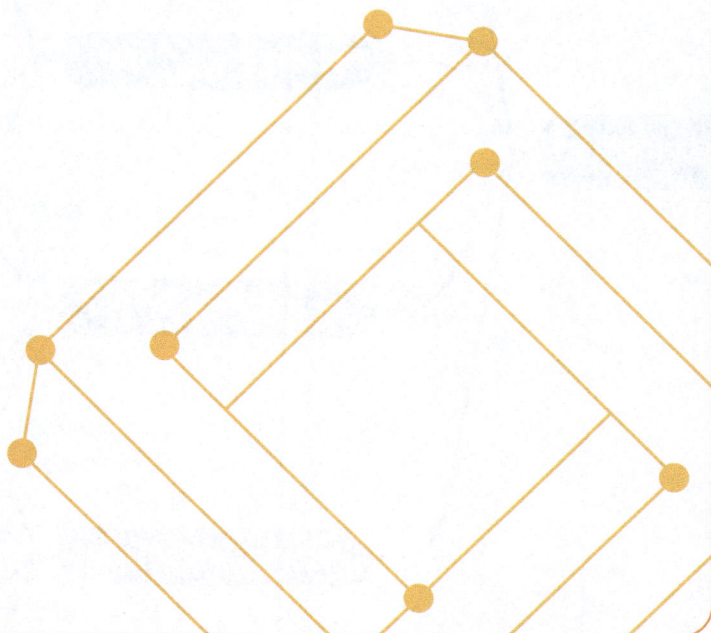

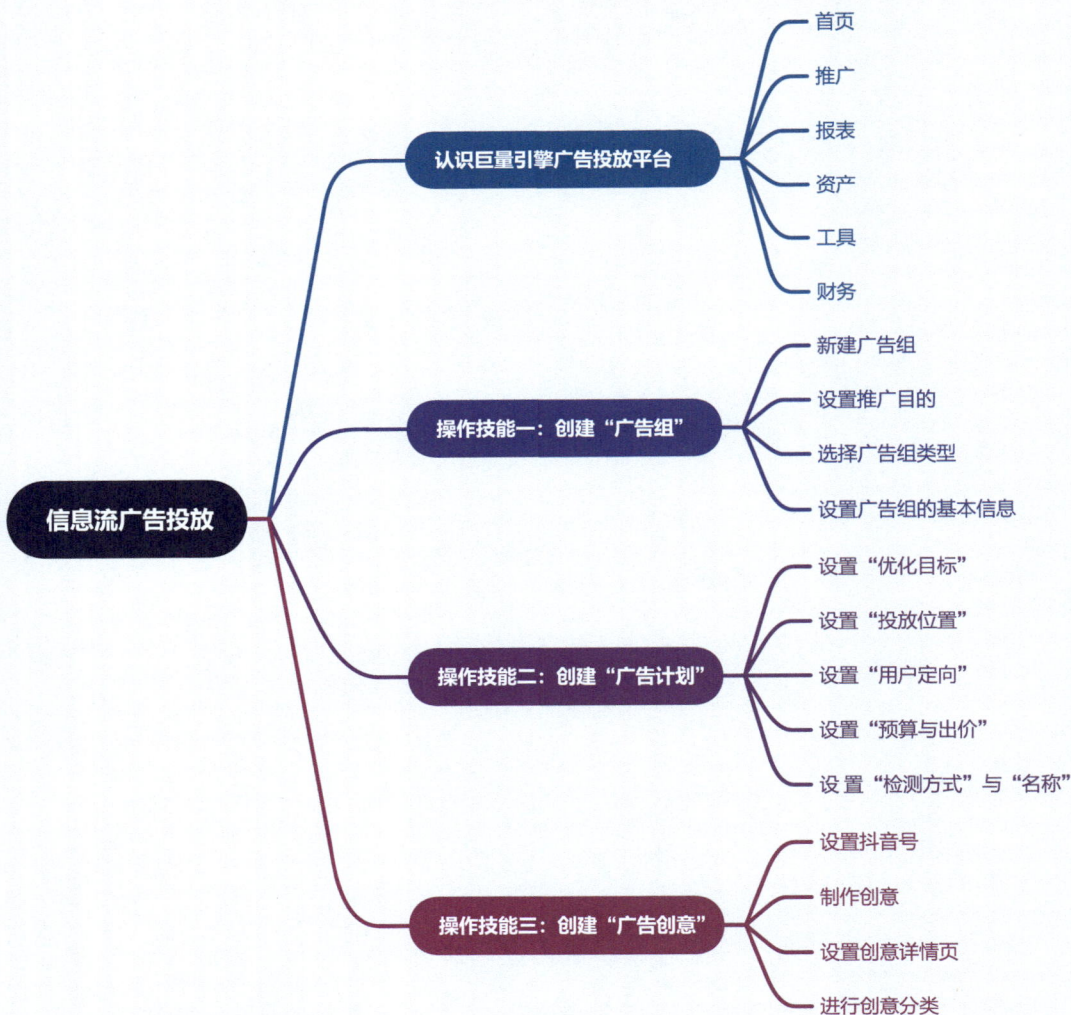

学习目标 👈

- 巨量引擎广告投放平台主要功能
- 巨量引擎广告投放平台广告投放的方法

知识导图 👈

信息流广告投放

- 认识巨量引擎广告投放平台
  - 首页
  - 推广
  - 报表
  - 资产
  - 工具
  - 财务
- 操作技能一：创建"广告组"
  - 新建广告组
  - 设置推广目的
  - 选择广告组类型
  - 设置广告组的基本信息
- 操作技能二：创建"广告计划"
  - 设置"优化目标"
  - 设置"投放位置"
  - 设置"用户定向"
  - 设置"预算与出价"
  - 设置"检测方式"与"名称"
- 操作技能三：创建"广告创意"
  - 设置抖音号
  - 制作创意
  - 设置创意详情页
  - 进行创意分类

4.1　认识巨量引擎广告投放平台

　　新媒体营销人员可以直接在搜索引擎中搜索关键字"巨量引擎广告投放平台"，在搜索结果页中通过链接打开官网。

　　营销人员先开通巨量引擎广告投放平台账号，再登录该账号，便可以在后台通过设置在其旗下的广告资源中投放广告，例如，今日头条、抖音等应用。巨量引擎广告投放平台页面包括首页、推广、报表、资产、工具和财务六大模块，如图4-1所示。

巨量引擎广告投放平台

- **财务**
  - 资金钱包：账户总余额、操作台、数据列表
  - 财务流水：数据列表、筛选
  - 退款记录：数据列表、筛选
  - 保证金缴纳记录：汇款码列表
  - 汇款码申请记录
- **工具**
  - 账户工具：操作日志、抖音号授权、账户信息与设置、消息中心、任务中心
  - 优化工具：自动规则、诊断、页面质量检测、清理助手、搜索流量分析、信息流量分析、投放工具矩阵、AB实验工具
  - 设计工具：巨量创意、图虫创意、即合平台、星图平台、橙子建站
  - 线索管理工具：评论管理、小6客服、飞鱼CRM、青鸟线索通
  - 平台工具：巨量引擎App、商业开放平台、技术服务市场
  - 第三方应用：添加应用
- **资产**
  - 推广内容：落地页、小程序、门店、账户日预算、移动应用、行业产品中心
  - 定向：定向包、自定义人群包、穿山甲自定义媒体包、关键词推荐工具
  - 创意素材：基础创意、附加创意、创意组件
  - 转化：事件管理
- **首页**
  - 账户概况：用户名、ID、账户余额、今日消耗、账户日预算、新建广告
  - 投放计划状态：投放中计划、审核不通过计划、预算不足计划、问题计划
  - 数据情况：广告数据、转化数、转化成本、平均点击单价、线索量、客户量、落地页访问、落地页访问人数
  - 数据趋势：数据对比、日期选择
  - TOP计划：数据对比、日期选择
  - TOP趋势：查看详情、数据选择
  - 首选位置：日期选择
  - 投放地域分布：数据对比、日期选择
  - 投放时段分布：数据对比、日期选择
- **推广**
  - 账户信息：日消耗、日预算、消耗进度、账户余额
  - 广告组：新建组、广告组名称、操作
  - 计划：新建计划、自动规则、计划名称、操作
  - 创意ID：创意ID、广告创意、操作
  - 关键词：新建广告词、关键词
- **报表**
  - 广告效果：广告账户、广告组、广告计划、广告创意、创意素材、关键词
  - 数据洞察：受众分析、人群分析、视频分析、落地页分析、直播分析、企业号分析
  - 专项报表：程序化创意、产品目录、搜索词、商品报表

图 4-1

4.1.1 首页

　　新媒体营销人员进入巨量引擎广告投放平台后，首先看见的是账户首页，首页展示内容主要分为三个部分，分别是账户概况、投放计划状态及数据情况，如图 4-2 所示。

图 4-2

1. 账户概况

　　账户概况位于页面的最上方，主要介绍了账户的基本信息，从左到右依次为账户头像、名称及 ID，账户余额（元），今日消耗（元），账户日预算（元）。其中，账户日预算（元）可以根据新媒体营销人员自身的投放计划进行调整。在账户概况的右侧是"新建广告"和"账户充值"两个常用的快捷按钮。

2. 投放计划状态

　　投放计划状态位于账户概况的下方，主要展示广告计划不同投放状态下的数量，包括"投放中计划""审核不通过计划""预算不足计划""问题计划"四个板块。

3. 数据情况

　　数据情况的内容包括广告数据、数据趋势、TOP 计划、TOP 创意、首选位置、投放地域分布和投放时段分布 7 个板块，如图 4-3 所示。

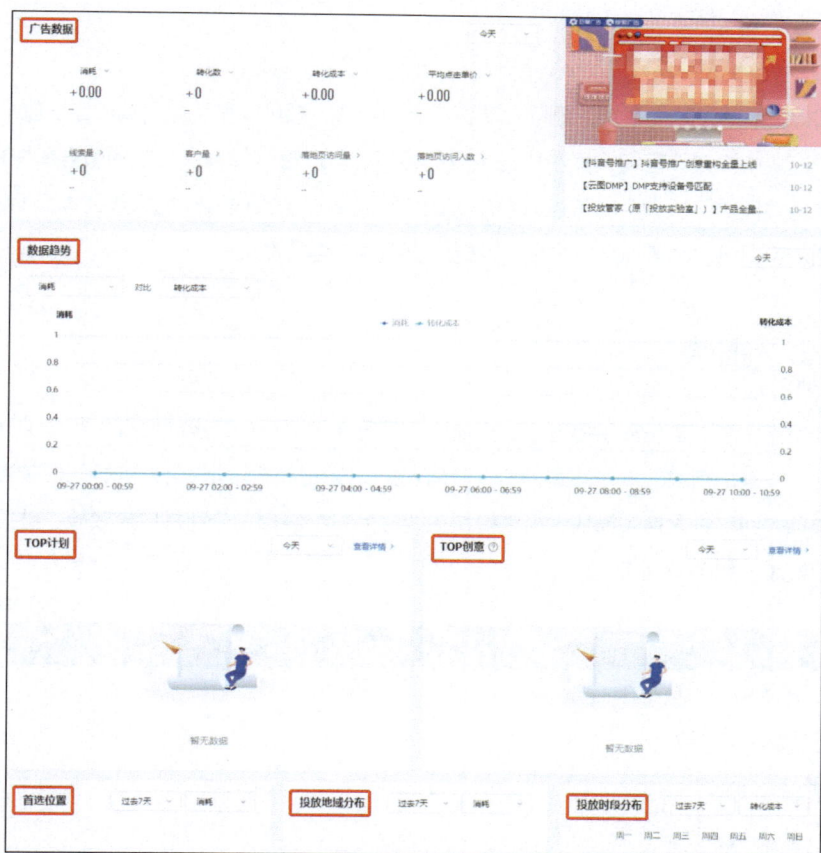

图 4-3

数据情况占据了首页的绝大部分版面。在广告数据板块中,展示了当日广告的消耗、转化数、转化成本等 8 个维度的数据。营销人员还可以通过右上方的下拉列表查看昨日、过去 7 天、过去 30 天、本周和上周等时段的数据情况。

在数据趋势中,营销人员可以选择某个时段内的消耗、展示数、平均千次展现费用等维度的数据趋势折线图,通过趋势变化及对比情况可以分析广告投放的效果及存在的问题。

TOP 计划和 TOP 创意板块中展示的是在某个时间内在广告推广单元中排名靠前、优先展示的"广告计划"和"广告创意"。"首选位置"是指广告计划中选择的投放的首选渠道,投放地域分布和投放时段分布展示的是广告投放的地域以及相应的时段分布情况。

4.1.2　推广

如果营销人员需要增加、删除、调整广告的内容，都可以在巨量引擎广告投放平台中的推广模块中设置。营销人员在广告投放的首页，可以直接找到最上方的引导模块指示，直接单击"推广"选项，即可进入推广页面。正式的广告投放操作也需要在本页面进行，逐一确定后，单击"下一步"按钮，完成广告投放内容的设置。

4.1.3　报表

在巨量引擎广告投放平台的报表模块中，系统展示了在广告投放过程中各个维度的不同数据。与推广模块的操作方式相同，营销人员可以直接在页面最上方的导航栏单击"报表"选项，即可进入报表模块，报表模块主要分为三个部分，分别是广告效果、数据洞察和专项报表，如图 4-4 所示。

图 4-4

1.　广告效果

在报表的广告效果模块中，共有 6 种报表类型，分别是广告账户报表、广告组报表、广告计划报表、广告创意报表、创意素材报表和关键词报表，如图 4-5 所示。

在相应的数据报表中，营销人员可以通过设置筛选条件，查询需要的报表信息，如可以查询时间趋势、占比分析和累计对比等。在实际推广投放当中，新媒体营销人员可以根据自己所需的数据情况，勾选相应的数据维度，对广告效果进行数据分析。

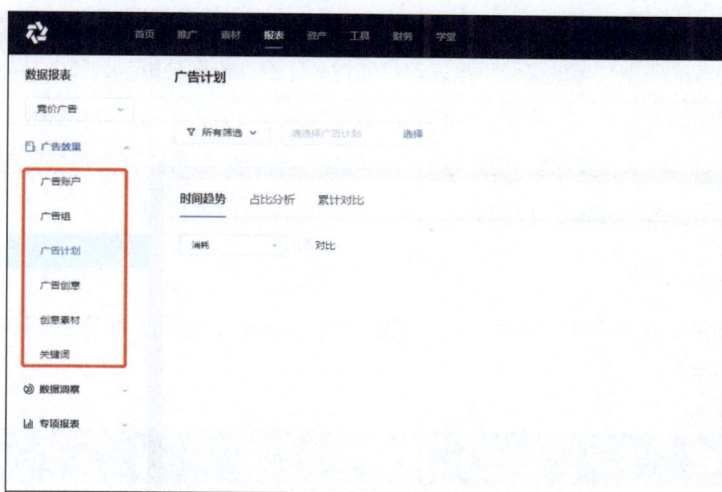

图 4-5

2. 数据洞察

　　数据洞察模块包括受众分析、人群包分析、视频分析、落地页分析、直播分析和企业号分析，如图 4-6 所示。

图 4-6

新媒体营销（中级）

受众分析报表包含人口信息、行为兴趣、抖音达人[1]三大类；视频分析数据揭示投放的效果和视频的质量；落地页分析报表可以通过转化漏斗模型分析落地页的转化效果，也可用于对页面的转化率、访问量、用户访问数等数据进行分析；直播分析报表展示了直播间的数据和直播商品的数据；企业号分析数据主要展示企业号的各类数据，包括视频分析、用户分析和经营分析三个部分。

3. 专项报表

在专项报表这个模块，包括程序化创意、产品目录、搜索词、商品报表和合约结案，如图 4-7 所示。

图 4-7

营销人员能够对投放广告的程序化创意、产品目录、搜索词报表和商品报表做进一步的专项数据分析，为优化账户提供数据支撑。

4.1.4　资产

在巨量引擎广告投放平台顶部的导航栏，直接单击"资产"选项，即可进入资产模块。资产模块包括推广内容、定向和转化三个部分，如图 4-8 所示。

1　抖音达人，是指拥有很多粉丝，且具有影响力的一批抖音用户，类似的角色还有淘宝达人。

图 4-8

1. 推广内容

由于推广目的不同，营销人员会选择不同的推广内容进行推广。在资产中的推广内容部分，门店功能适用于门店的推广及管理门店的信息和门店活动等。如果新媒体营销人员想要推广应用或小程序，就可以使用移动应用和小程序功能。行业产品中心可以帮助营销人员创建、管理商品及商品库。

2. 定向

定向资产可以辅助新媒体营销人员筛选媒体平台用户，更加精准地覆盖目标用户。具体的功能有定向包、自定义人群包、关键词推荐工具等。

3. 转化

转化资产主要用于转化追踪，可以根据推广目的和转化目标选择相应的转化跟踪工具，监测广告转化的效果。

4.1.5　工具

在巨量引擎广告投放平台顶部的导航栏，直接单击"工具"选项，即可进入工具模块。工具模块中主要包括账户工具、投放工具、线索管理工具、平台工具、第三方应用和合约广告工具，如图 4-9 所示，这些工具适用于广告投放的各个环节，辅助新媒体营销人员

新媒体营销（中级）

提升推广效率和推广能力。

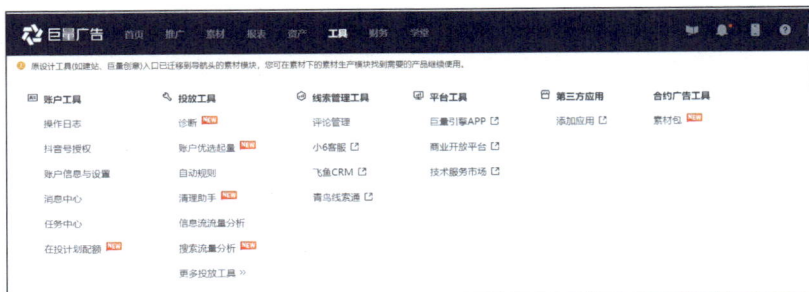

图 4-9

4.1.6 财务

在巨量引擎广告投放平台顶部的导航栏，直接单击"财务"选项，即可进入财务模块。财务模块用于整体账户的资金管理，包括资金钱包、财务流水、退款记录、保证金缴纳记录、汇款码申请记录，如图 4-10 所示，在实际的广告推广中，账户充值、查看资金流水等业务都可以通过这一模块进行。

图 4-10

4.2 操作技能一：创建"广告组"

本节将介绍创建一条"广告组"的操作方法。

4.2.1　新建广告组

营销人员进入推广界面后，单击"广告组—新建组"选项就可以创建"广告组"，如图 4-11 所示。

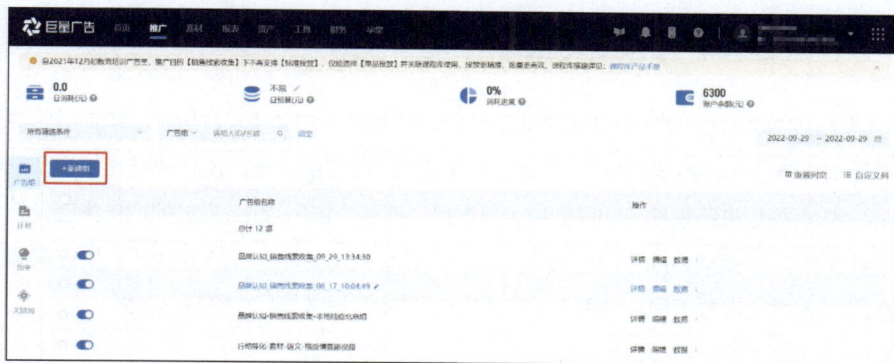

图 4-11

新媒体营销人员也可以在首页的账户概况栏的右侧单击"新建广告"按钮，跳转到"创建新广告组"页面，同样可以进行新建广告组的操作，如图 4-12 所示。

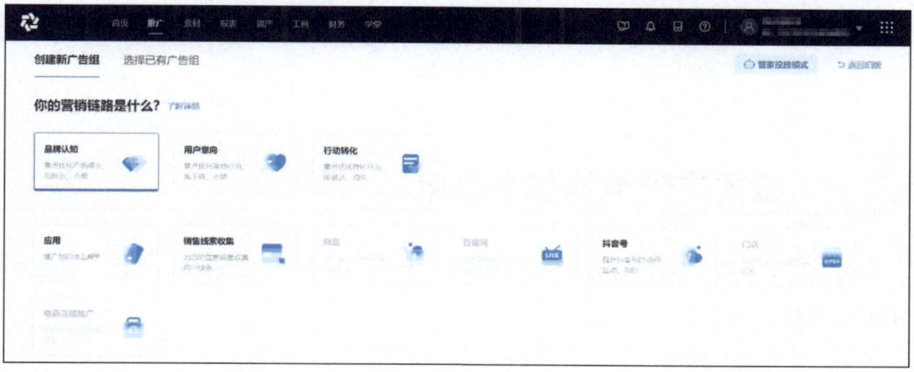

图 4-12

4.2.2　设置推广目的

新媒体营销人员进入创建新广告组的页面后，页面会提示"你的营销链路是什么？"

营销链路可以分为品牌认知、用户意向和行动转化三个层次。每个层次对应不同的推广目的，如应用推广、销售线索收集、商品推广、抖音号推广、门店推广、电商店铺推广等。新媒体营销人员可以根据自己的实际需求来设置推广目的。需要注意的是，一个广告组下的推广目的要一致，如果想要设置不同的推广目的，就需要创建不同的广告组。

4.2.3　选择广告组类型

确定推广目的后，营销人员需要选择广告组的类型，如图 4-13 所示。广告组的类型有"所有广告"和"搜索广告"。选择"所有广告"是指选择包括但不限于信息流广告、搜索广告 等类型进行投放；如果营销人员选择"搜索广告"，那么投放的广告类型只会是这一种类 型。根据具体推广目的的不同，如果营销人员选择了"所有广告"，则还需要继续选择广 告组的投放类别，分别是"标准投放""单品投放""动态产品投放"。

图 4-13

4.2.4　设置广告组的基本信息

设置完广告组类型后，营销人员需要进行广告组的基本信息的设置，包括广告组预算和广告组名称。

1. 广告组预算

广告组预算是该广告组一天可消耗的最高预算，如果广告组实际日消耗达到或超过这一预算，系统将暂停广告的投放，停止收费，并通过系统提示预算不足，因此营销人员可以根据实际推广的预算进行设置。如果设置指定预算，则日预算不能低于300 元。

2. 广告组名称

设置预算后，营销人员可直接对广告组进行命名，系统也会根据推广目的和创建时间对该广告组进行命名。命名完毕后单击"下一步"按钮，即完成了新广告组的创建。

4.3 操作技能二：创建"广告计划"

营销人员创建完广告组后，系统会自动跳转到广告计划层级的创建页面。在广告计划创建过程中，需要填写的信息有优化目标、投放位置、用户定向、预算与出价和计划名称，如图 4-14 所示。

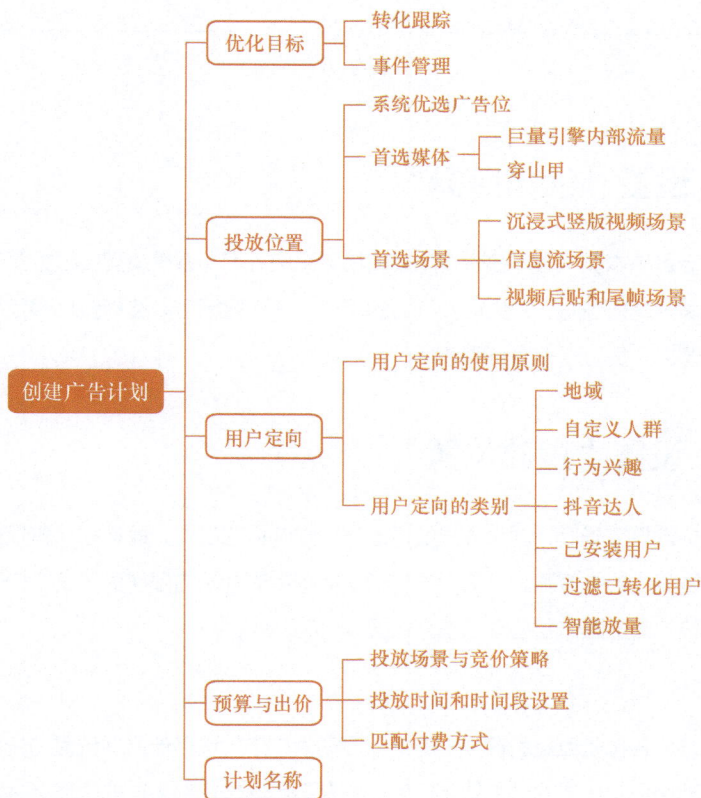

图 4-14

创建广告计划的操作页面如图 4-15 所示。

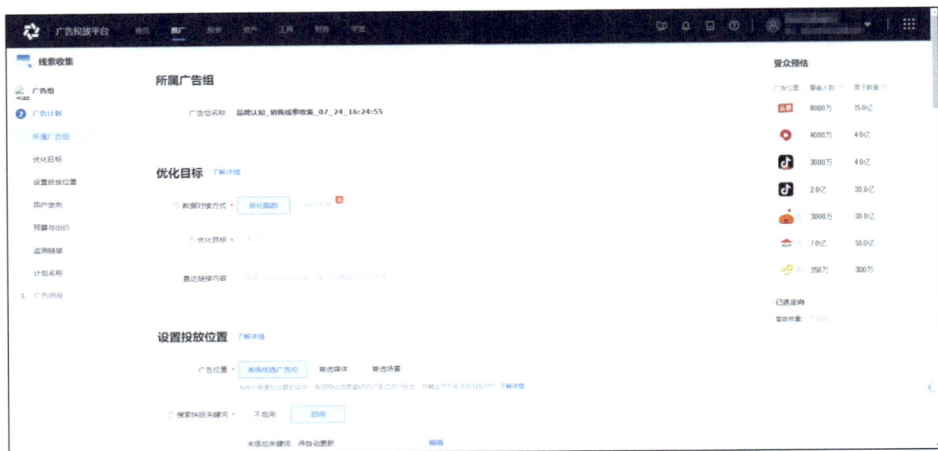

图 4-15

4.3.1 设置"优化目标"

优化目标是指本次广告投放想要达成的目标用户行为，系统模型会根据营销人员设定的优化目标来寻找更倾向于发生这些行为的用户。优化目标可以选择转化跟踪和事件管理两种类型，营销人员可以根据所需选择。

4.3.2 设置"投放位置"

优化目标选择完毕后，营销人员便可进行投放位置的设置，即选择广告投放所需要使用的广告媒体和广告位资源。巨量引擎广告投放平台的系统内部提供了三个广告位置：系统优选广告位、首选媒体和首选场景，如图 4-16 所示。

1. 系统优选广告位

系统优选广告位是巨量引擎推出的一款自动为广告优选最佳展现位置的托管式智能工具。针对不同用户对广告的历史转化行为，系统会优选转化率最佳的位置，并根据位置效果表现，智能分配预算。为了更好地获取搜索流量，营销人员还可以继续设置相应的搜索快投关键词。

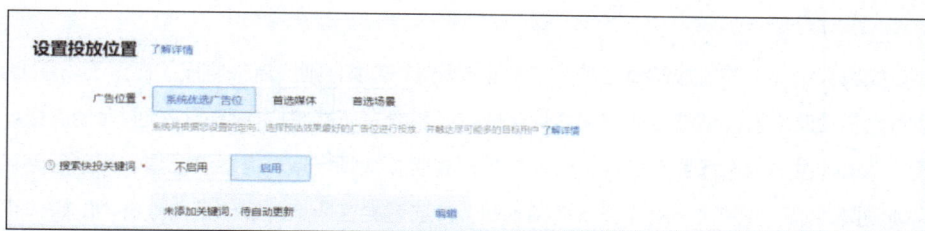

图 4-16

2. 首选媒体

在"首选媒体"选项下，营销人员可以根据需求主动选择投放的媒体范围，媒体可支持的创意类型有横版视频、竖版视频、大图横图、组图等，如图 4-17 所示。

图 4-17

3. 首选场景

如果营销人员在投放位置上选择了"首选场景"选项，则广告主要投放在首选场景上。同时为了帮助广告计划被更多展现并优化成本，系统有可能将广告智能投放到其他流量场景。系统提供的首选场景有三种，分别是沉浸式竖版视频场景、信息流场景、视频后贴和尾帧场景。如果选择了沉浸式竖版视频场景，广告就会在所有的媒体平台或选中的媒体平台中的沉浸式竖版视频场景中出现。

4.3.3 设置"用户定向"

使用用户定向功能，能够精准地将广告展示给有需要的人，广告能成为一条有价值的资讯，避免对用户产生骚扰，从而促进转化，节省成本。

1. 用户定向的选择

用户定向选择有两个级别类目。在选项左侧是一级类目，也就是广告的一级定向，一级定向的右侧详情则是二级类目，也就是广告的二级定向。例如，在操作页面中，"性别"和"年龄"属于一级定向，而"不限""男""女"和"不限""18-23""24-30""31-40""41-49""50+"分别属于二级定向，如图4-18所示。

一级定向和二级定向的操作有一定的区别。在选择一级定向的时候，各一级定向之间是交集关系，而二级定向之间是并集关系。例如，在一级定向中性别选择"男"，年龄定向同时选择了"18-23"和"24-30"，这样广告的推广对象就必须同时满足年龄和性别两个条件，也就是一级定向取性别和年龄的交集；但是对于二级定向而言，因为年龄同时选择了"18-23"和"24-30"两个标签，最终定向的用户年龄范围符合"18-30"的都是目标覆盖群体，也就是二级定向取的是两个年龄的并集。所以该例子的最终推广对象是年龄在18-30之间的男性群体，其他定向选择以此类推。

2. 用户定向的类别

用户定向的类别包括多个内容，这里介绍几个主要的类别。

（1）地域。

地域定向是将用户的当前GPS、IP、历史城市、服务器地址等因素加权（GPS权重最高）得出的位置，可以细分为按省市、区县及商圈定位。

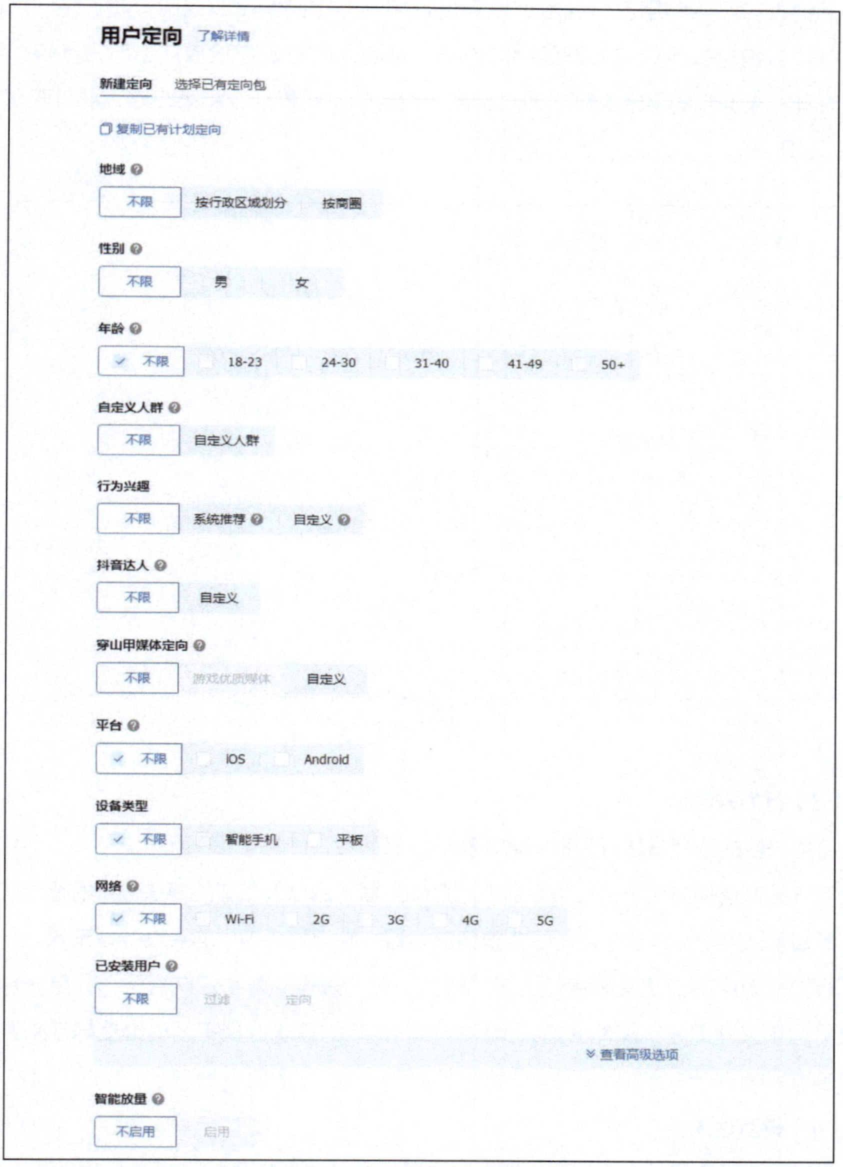
用户定向 了解详情
新建定向 选择已有定向包
复制已有计划定向
地域
不限 按行政区域划分 按商圈
性别
不限 男 女
年龄
不限 18-23 24-30 31-40 41-49 50+
自定义人群
不限 自定义人群
行为兴趣
不限 系统推荐 自定义
抖音达人
不限 自定义
穿山甲媒体定向
不限 游戏优质媒体 自定义
平台
不限 iOS Android
设备类型
不限 智能手机 平板
网络
不限 Wi-Fi 2G 3G 4G 5G
已安装用户
不限 过滤 定向
查看高级选项
智能放量
不启用 启用

图 4-18

（2）自定义人群。

自定义人群即 DMP（Data Management Platform，数据管理平台）功能，新媒体营销人员可以利用已有的数据包来进行用户的定向展示或定向排除。定向人群包是指将广告指定投放给该人群包中的人群，排除人群包是指投放广告时排除该人群包中的人群。人群包的属性也可以通过全部、自定义、系统推荐和第三方人群包获取，如图 4-19 所示。

图 4-19

（3）行为兴趣。

行为兴趣的选择方法分为系统推荐和自定义两种，如图 4-20 所示。

系统推荐是指由头条根据其平台上的全部数据，通过人工智能算法进行的智能定向选择。但如果在自定义人群中进行了人群包的设置，则行为兴趣中的系统推荐无效。

行为兴趣中的自定义设置包含了"行为"和"兴趣"两个定向模块，并且分别包含了类目词和关键词，新媒体营销人员需要根据实际的需求选择不同的维度标签来进行定向的设置。

（4）抖音达人。

抖音达人设置是针对抖音的直播推广或视频广告推广的设置，如图 4-21 所示。圈定单个或某类抖音账号后，广告会定向投放给与该（类）账号的粉丝或有相似互动行为的人群。

　　选择添加达人分类、添加抖音达人、选择与抖音达人有某种互动行为（如关注、视频互动、直播互动和商品互动）的粉丝群体，即可精准地对抖音达人账号的粉丝投放广告。

图 4-20

（5）已安装用户。

设置已安装用户主要针对的是以"应用推广"为目的的广告组，选择定向安装时，平台会向已安装客户展示广告。在设置该功能时，有"过滤"和"定向"两种选择。

（6）过滤已转化用户。

过滤已转化用户可以避免广告再次投放给已经转化过的用户，避免重复转化，节省投放成本。

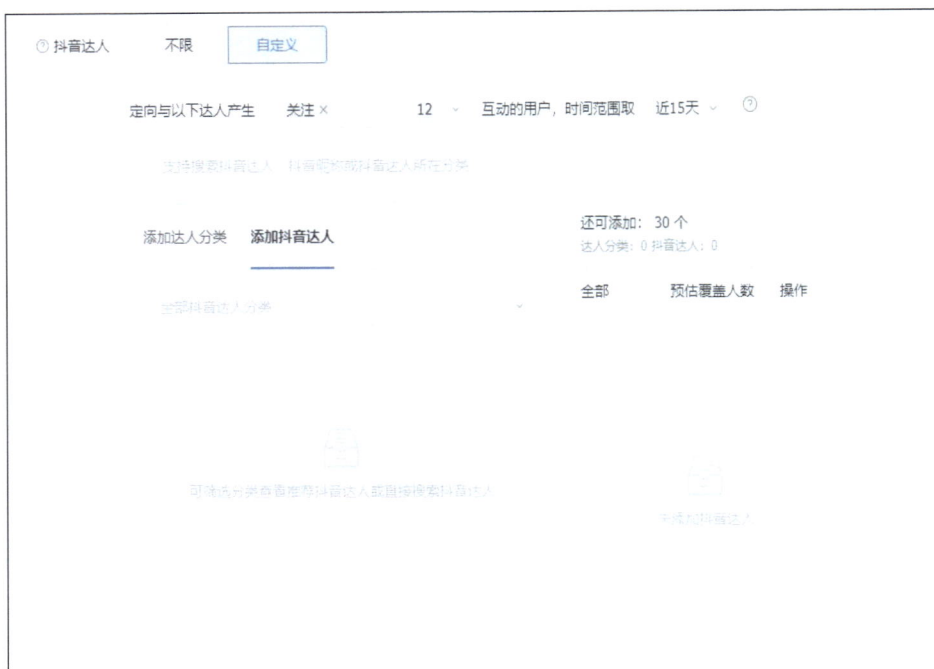

图 4-21

（7）智能放量。

选择智能放量，可以使平台结合受众群体特征和广告信息特征拓展用户，从而突破已经设定的广告定向。

除了上述定向设置，平台还支持平台定向、媒体定向、设备类型定向、网络定向等其他高级定向设置。总的来看，用户定向的内容设置能够更好地辅助新媒体营销人员去挑选媒体中需要精准获取的用户流量，在选择了定向设置之后，在显示栏右侧会展示预估覆盖人数和预估展示数量，如图 4-22 所示。

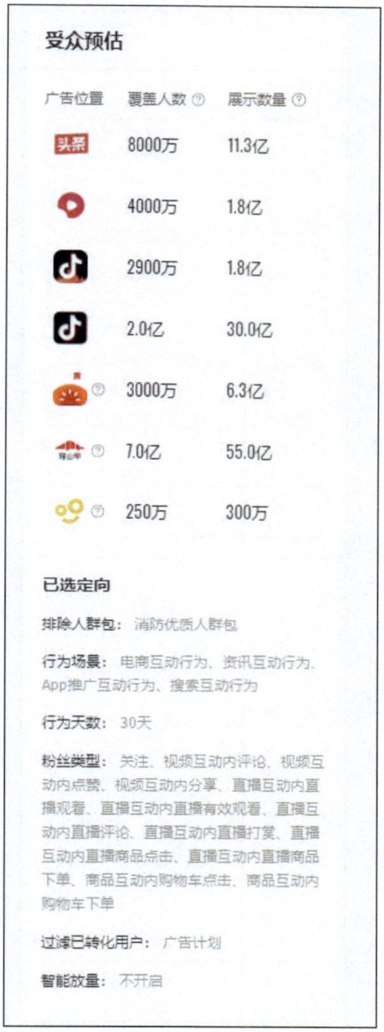

图 4-22

4.3.4　设置"预算与出价"

　　在巨量引擎广告投放平台的"预算与出价"模块中，需要设置的内容有投放场景、竞价策略、预算、投放时间、投放时段、付费方式、目标转化出价等，如图 4-23 所示。

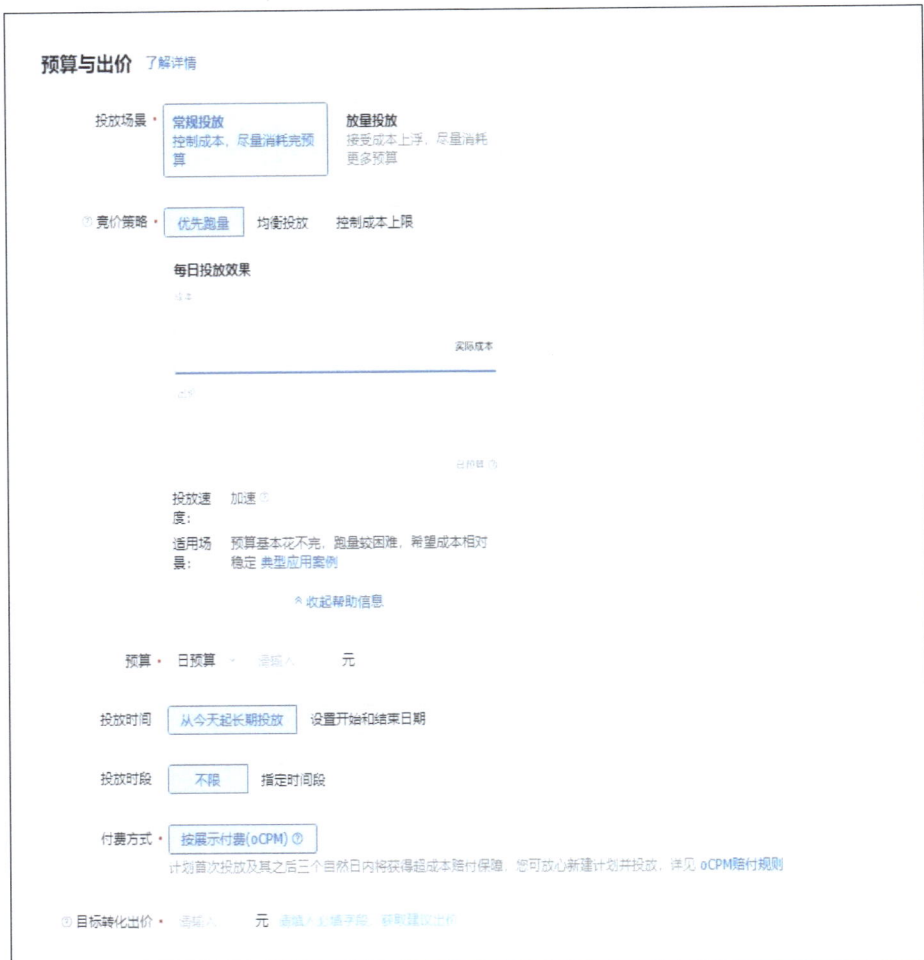

图 4-23

1. 投放场景与竞价策略

投放场景分为两类，分别是常规投放和放量投放。

（1）常规投放。

在常规投放场景中，系统根据计划的平均转化成本实时调整出价，使平均转化成本稳定在"目标转化出价"附近。

在常规投放中提供了三种竞价策略：第一种是优先跑量，可以提高投放速度，容易获取较多的展现机会；第二种是均衡投放，会在展现和成本之间平衡；第三种是控制成本上限，能够更好地控制成本，如果预算偏少或没有跑量的需求，可以选择此策略。

（2）放量投放。

放量投放也称为自动出价。如果营销人员可以接受成本上浮，接受更多的预算消耗，可以选择放量投放场景。系统会实时根据预算消耗完成率情况，自动调整目标成本上限。当预算消耗完成率低时，系统会上调目标成本上限，争取跑量；而当预算消耗完成率高时，系统又会下调目标成本上限，降低成本。因此，在放量投放场景中，往往是通过预算来干扰跑量速度的，营销人员合理设置预算即可。选择自动出价后，广告的投放托管给系统后台，系统根据平台所给出的目标转化出价进行广告的推广投放。

无论是常规投放还是放量投放，其预算设置都是日预算设置，巨量引擎的后台要求每日预算不低于 300 元，不超过 9 999 999.99 元。如果"广告计划"当中的日预算，超过了"广告账户"当中的日预算，最终还是会以"广告账户"的限制为准。

2. 投放时间设置和投放时段设置

投放时间设置有两个选择，可以从上线后审核通过那天开始长期投放，也可以设置一个开始和结束日期，如图 4-24 所示。

图 4-24

投放时段设置，可以不限时段进行投放，也可以指定时段投放，如图 4-25 所示，巨量引擎的投放时间的时段最小单位是半小时，蓝色代表选中，白色代表未选中。

3. 匹配付费方式

在设置完投放场景、竞价策略、投放时间和投放时段后，系统会根据投放目标匹配付费方式及预估成本，如果营销人员的预估成本不在系统的预估成本范围内，可以在此基础上进行调整。如果调整的成本过低，可能会影响系统模型的优化能力。

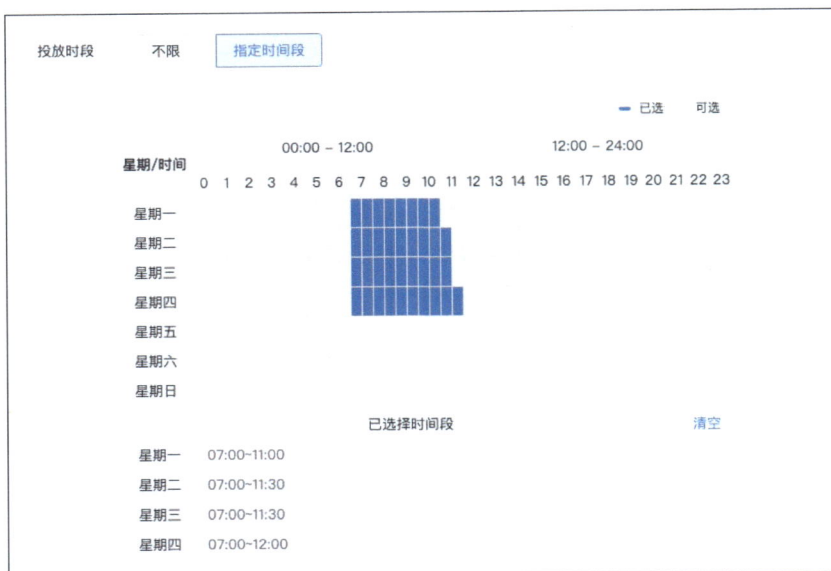

图 4-25

4.3.5 设置"监测方式"与"名称"

为了保证数据的准确性，营销人员可以让第三方监测验证巨量引擎平台的数据情况，包括展示、有效触点、视频播放、视频播完、视频有效播放的数据情况，如图 4-26 所示。

图 4-26

　　上述广告计划层级设置完毕后，保存广告计划名称，单击"保存并关闭"或"保存并新建创意"按钮，即完成了广告计划层级的设置，下一步就可以开始创建广告创意。

4.4　操作技能三：创建"广告创意"

　　营销人员完成广告计划的创建后，还需要创建"广告创意"。在这个层级，营销人员需要设置抖音号、制作创意、设置创意详情页和进行创意分类。其中，制作创意是形成创意的主要环节。

4.4.1　设置抖音号

　　营销人员在创建创意的时候，可以选择是否将该创意绑定抖音号进行投放。若开启抖音号投放，营销人员则可以通过授权的抖音号或与抖音达人通过视频授权的方式，在相应的抖音账号上进行广告创意的展现。需要注意的是，如果营销人员未绑定抖音账号，用户可以通过单击抖音头像、单击抖音昵称、右滑、单击行动号召等方式直接进入落地页；如果营销人员绑定了抖音号，用户单击抖音头像、昵称、右滑后进入的是抖音主页，只有单击行动号召才能进入落地页，看到广告创意。开启抖音号投放的功能适合长效经营或希望通过抖音号增粉及提升曝光度的营销人员使用。

4.4.2　制作创意

　　制作创意时需要考虑创意方式、创意内容上传、创意来源、行动号召和创意展现五部分。

1. 创意方式

　　制作创意的方式有两种，分别是程序化创意和自定义创意。程序化创意是指由系统自动生成并管理创意。如果使用程序化创意，可以批量上传多个广告标题和广告素材，系统后台会将这些素材智能匹配，形成广告创意。如果营销人员需要对创意的制作拥有更多自主权，则可以使用自定义创意方式。如果使用自定义创意，营销人员需要自己匹配广告标题和广告素材，这个过程完全由营销人员自行把控，最终决定广告创意的展现结果。

2．创意内容上传

　　无论是程序化创意还是自定义创意，营销人员都需要上传相应的创意内容，创意内容包括竖版视频、横版视频、大图横图、组图、小图、大图竖图六种形式，选择相应的创意内容形式并上传即可。操作页面左侧的创意工作台可以帮助优化创意制作。这里以上传横版视频为例，单击"横版视频"选项，然后单击"添加创意"按钮，在窗口中需要设置的内容有：创意内容、创意标题、基础创意组件、附加创意组件，如图4-27所示。

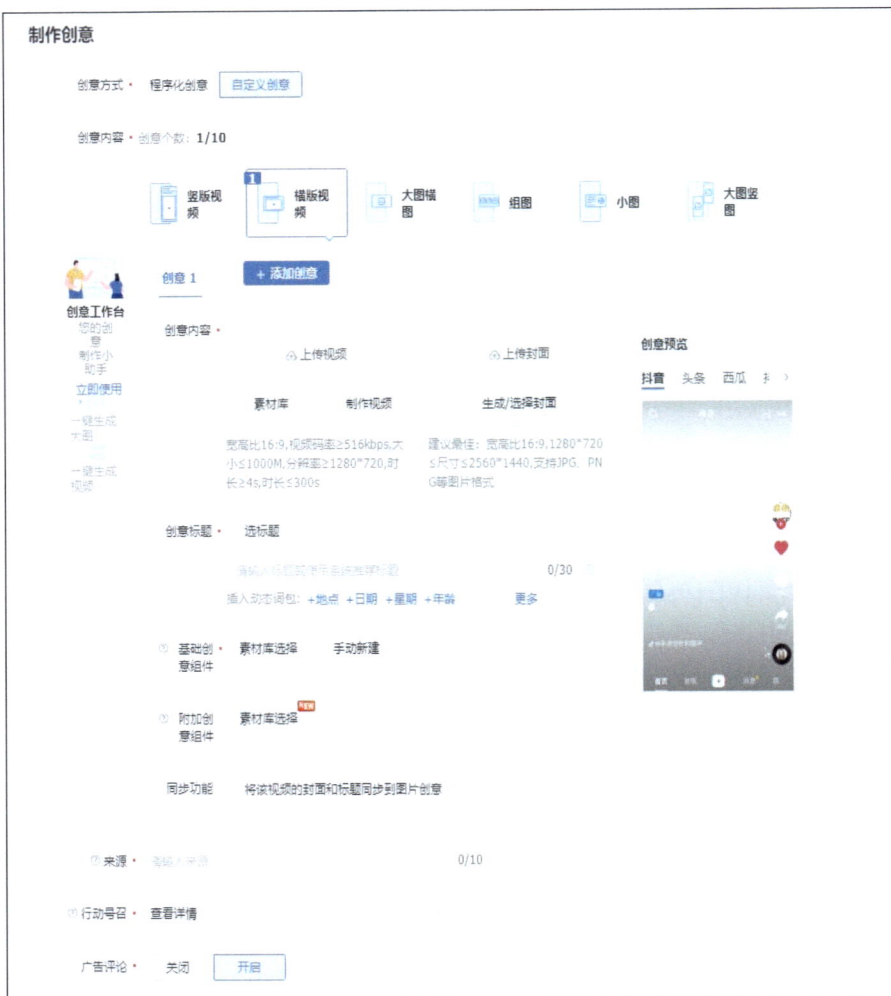

图4-27

（1）设置创意内容。

在创意内容部分，营销人员需要上传符合系统格式要求的视频及封面。

（2）设置创意标题。

在创意标题部分，营销人员可以自己拟定标题，同时也可以使用系统推荐的标题，系统推荐标题会根据行业和关键词自动生成，最终的标题的字数不超过 30 个字。

在创意标题部分还提供了"插入动态词包"功能，可以插入的词包有地点、日期、星期和年龄等。单击插入动态词包后，展示出来的标题就会与动态词包相结合。例如，营销人员插入的动态词包是"地点"，如果用户在北京，那看到的创意标题可能就是"北京 0 首付买新车，还能免费试驾"；而如果用户在合肥，看到的创意标题就是"合肥 0 首付买新车，还能免费试驾"。

（3）添加创意组件。

设置好创意标题后，接下来需要添加创意组件，视频创意中的创意组件包括基础创意组件和附加创意组件，具体展现形式有投票磁贴、图片磁贴、电商磁贴、优惠券磁贴等。创意组件对广告的有效展示有很好的辅助作用。

制作完成创意内容后，可以在右侧的创意预览中对制作的创意进行预览，直观查看创意的效果。

3. 创意来源

创意来源即广告来源，会展示在广告左下角。创意来源须与公司名称或公司名称简称保持一致，如果后期修改创意来源，创意需要重新审核。创意来源的字数要控制在 10 个字以内。

4. 行动号召

行动号召是在广告创意中的一句文案，以按钮的形式存在，可以引导用户在看完广告之后进行下一步的操作，提升转化率。行动号召文案可以为：了解更多、查看信息、获得更多精彩等。

5. 创意展现

创意展现形式分为优选模式和轮播模式。如果选择优选模式，系统会自动对效果好的创意进行展示量倾斜，创意效果越好，展示量越高；如果营销人员使用创意轮播，系统将平分各创意展现机会，这样可以便于营销人员比较各创意投放效果。一般情况下，为了较快地测试出比较好的广告创意，节省广告成本，营销人员可以首选优选模式。

4.4.3 设置创意详情页

创意详情页是指用户单击广告创意后跳转到的页面，可在如图 4-28 所示的部分进行详细设置。在创意详情页的投放内容既可以是具体的落地页，也可以是小程序，切记录入正确的落地页链接或小程序链接。

图 4-28

完成上述的创意内容制作和相关设置后，需要对创意进行分类并添加相应的标签，即可完成广告创意创建的最后步骤。营销人员可以通过下拉列表自行选择创意分类，可选的分类包括 3C 及电器、快速消费品、食品饮料、服装配饰等；创意标签则需要营销人员自行填写。

4.4.4 进行创意分类

创意分类要与所推广的产品或内容相关。巨量引擎广告投放平台会根据营销人员选择的创意分类和填写的创意标签，精准地向用户投放广告，以覆盖目标用户。因此，正确选择创意分类和填写创意标签，能够提升广告创意的点击率和展现的准确性。在实际的操作过程中，营销人员也可以通过修改创意分类和创意标签，如图 4-29 所示，对广告的投放效果施加影响。

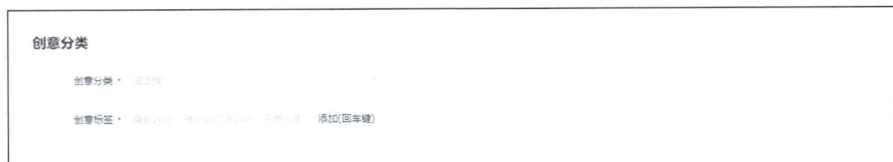

图 4-29

第 5 章

社交网络广告投放

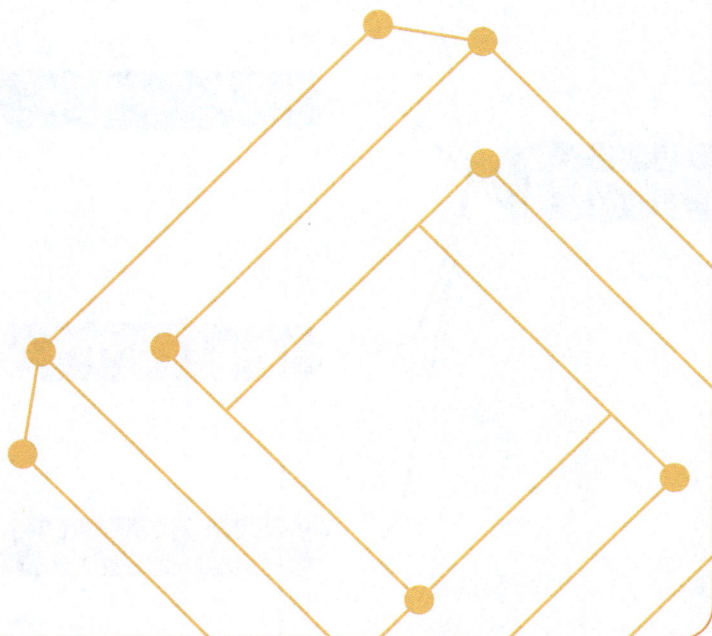

- 腾讯广告投放管理平台主要功能
- 腾讯广告投放管理平台广告投放方法

知识导图 👉

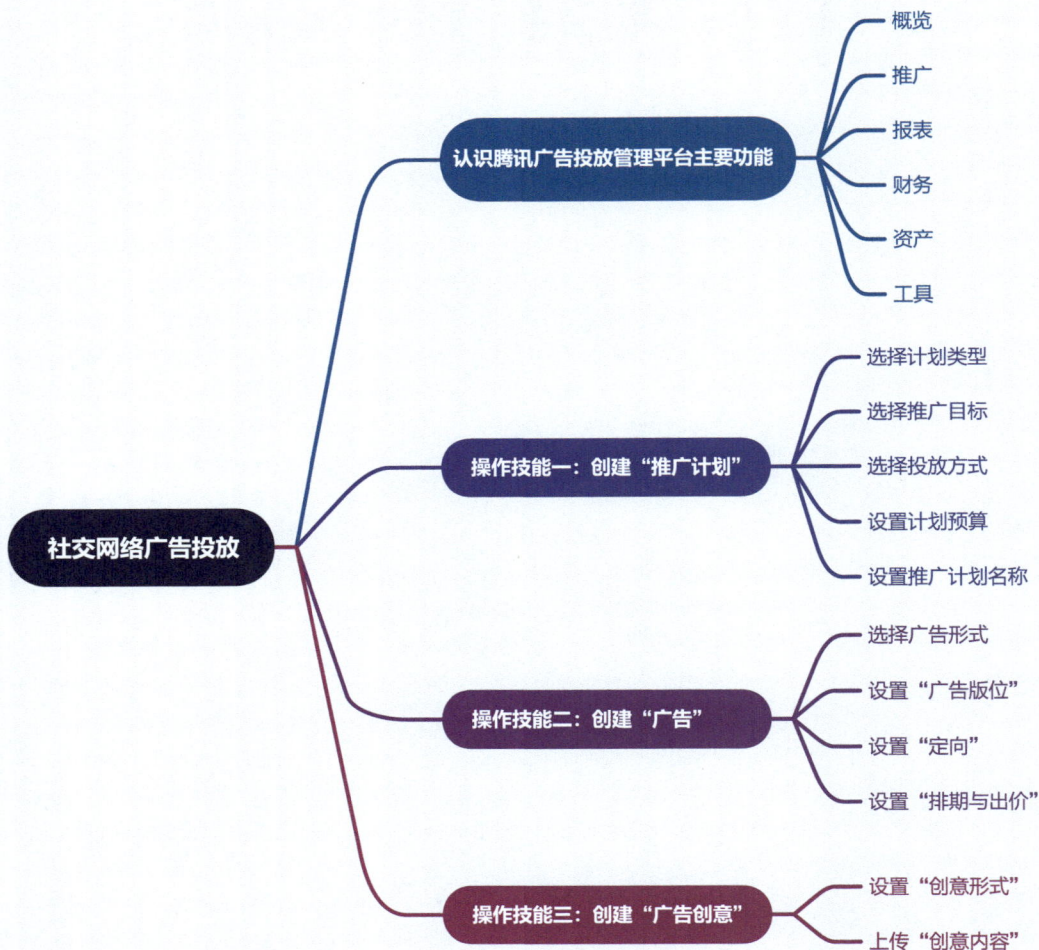

5.1　认识腾讯广告投放管理平台主要功能

营销人员可以使用 QQ 账号或微信账号登录网页版腾讯广告投放管理平台，登录页面如图 5-1 所示。

图 5-1

腾讯广告投放管理平台的功能包含概览、推广、报表、财务、资产和工具六大模块，如图 5-2 所示。

89

新媒体营销（中级）

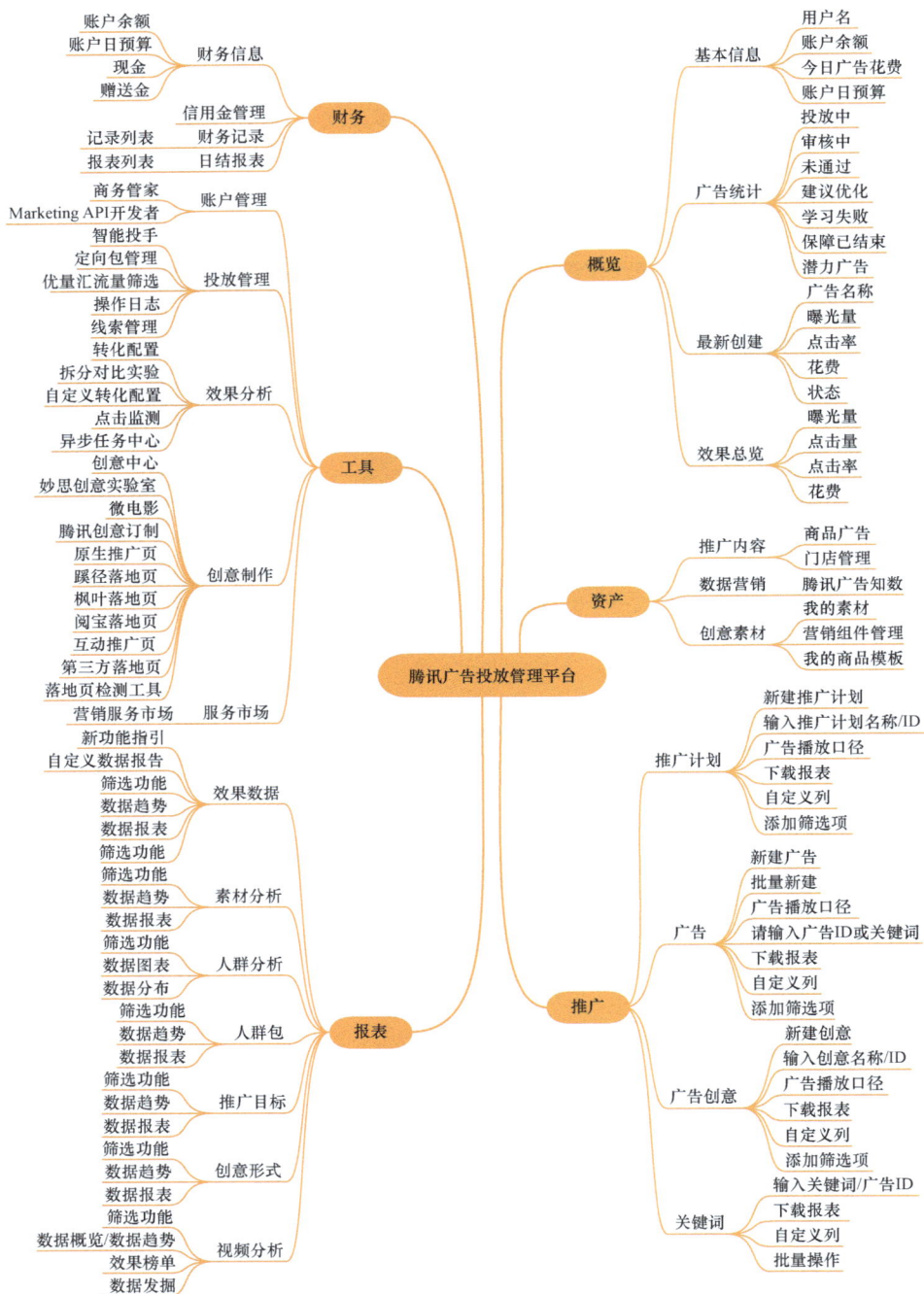

腾讯广告投放管理平台

财务
- 财务信息
  - 账户余额
  - 账户日预算
  - 现金
  - 赠送金
- 信用金管理
- 财务记录
  - 记录列表
- 日结报表
  - 报表列表

工具
- 账户管理
  - 商务管家
  - Marketing API 开发者
- 投放管理
  - 智能投手
  - 定向包管理
  - 优量汇流量筛选
  - 操作日志
  - 线索管理
  - 转化配置
- 效果分析
  - 拆分对比实验
  - 自定义转化配置
  - 点击监测
  - 异步任务中心
- 创意制作
  - 创意中心
  - 妙思创意实验室
  - 微电影
  - 腾讯创意订制
  - 原生推广页
  - 蹊径落地页
  - 枫叶落地页
  - 阅宝落地页
  - 互动推广页
  - 第三方落地页
  - 落地页检测工具
- 服务市场
  - 营销服务市场

报表
- 效果数据
  - 新功能指引
  - 自定义数据报告
  - 筛选功能
  - 数据趋势
  - 数据报表
- 素材分析
  - 筛选功能
  - 筛选功能
  - 数据趋势
  - 数据报表
- 人群分析
  - 筛选功能
  - 数据图表
  - 数据分布
- 人群包
  - 筛选功能
  - 数据趋势
  - 数据报表
- 推广目标
  - 筛选功能
  - 数据趋势
  - 数据报表
- 创意形式
  - 筛选功能
  - 数据趋势
  - 数据报表
- 视频分析
  - 筛选功能
  - 数据概览/数据趋势
  - 效果榜单
  - 数据发掘

概览
- 基本信息
  - 用户名
  - 账户余额
  - 今日广告花费
  - 账户日预算
- 广告统计
  - 投放中
  - 审核中
  - 未通过
  - 建议优化
  - 学习失败
  - 保障已结束
  - 潜力广告
- 最新创建
  - 广告名称
  - 曝光量
  - 点击率
  - 花费
  - 状态
- 效果总览
  - 曝光量
  - 点击量
  - 点击率
  - 花费

资产
- 推广内容
  - 商品广告
  - 门店管理
- 数据营销
  - 腾讯广告知数
- 创意素材
  - 我的素材
  - 营销组件管理
  - 我的商品模板

推广
- 推广计划
  - 新建推广计划
  - 输入推广计划名称/ID
  - 广告播放口径
  - 下载报表
  - 自定义列
  - 添加筛选项
- 广告
  - 新建广告
  - 批量新建
  - 广告播放口径
  - 请输入广告ID或关键词
  - 下载报表
  - 自定义列
  - 添加筛选项
- 广告创意
  - 新建创意
  - 输入创意名称/ID
  - 广告播放口径
  - 下载报表
  - 自定义列
  - 添加筛选项
- 关键词
  - 输入关键词/广告ID
  - 下载报表
  - 自定义列
  - 批量操作

图 5-2

5.1.1　概览

登录腾讯广告投放管理平台后，进入账户首页，也就是概览页面。概览页面主要包含基本信息、广告统计、最新创建和效果总览四个信息模块，如图 5-3 所示。

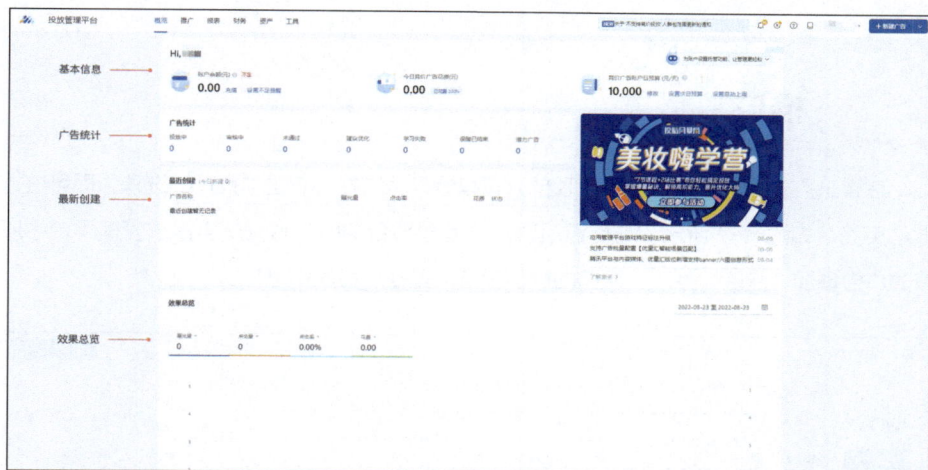

图 5-3

1. 基本信息

在概览页面顶部一栏展示的是账户的基本信息，包括用户名、账户余额（元）、今日广告花费（元）、账户日预算（元 / 天）等。营销人员可以直接对日预算进行修改，也可以设置次日预算。日预算可输入范围为 50~40 000 000 元 / 天。如果设置新的预算，则新预算 ≥ 当前账户日消耗 +50 元，每次修改预算的幅度要大于或等于 50 元。

2. 广告统计

在广告统计模块，包括投放中、审核中、未通过、建议优化、学习失败、保障已结束和潜力广告七项数据。单击相应的数据标签，可以直接跳转到推广页面了解相关详情信息，并做进一步的操作。

3. 最新创建

在最新创建模块，展示的是营销人员近期创建广告的数据情况，展示的内容包括广告名称、曝光量、点击率、花费和状态五项内容。

4. 效果总览

在效果总览模块，展示了账户广告在某个时段内整体的数据情况，营销人员可以自行选择需要统计的时段及数据的维度，目前系统最多可支持同时选择四个维度的数据。选择完毕后，数据将会以折线图的形式展示，辅助营销人员了解账户的整体数据情况。

5.1.2 推广

在腾讯广告投放管理平台首页顶部，可以看到导航栏，单击"推广"选项，即可进入推广页面，如图 5-4 所示。与巨量引擎广告投放平台相同，腾讯广告投放管理平台中所有的广告增加、删除、修改、调整的操作都可以在推广页面中进行。

图 5-4

5.1.3 报表

在腾讯广告投放管理平台首页顶部，可以看到导航栏，单击"报表"选项，即可进入报表页面，如图 5-5 所示。腾讯广告投放管理平台的报表页面展示的数据种类较为丰富，包括效果数据、人群分析、推广目标、创意形式、素材分析、人群包及视频分析。

每一类别的数据报表都包括筛选区、图表区及详细数据区三个部分。

在筛选区，营销人员可以按照设定的条件进行筛选，以效果数据为例，筛选的条件包括数据、日期范围、时间维度、指标口径、数据细分。营销人员可以通过账户、推广计划、广告、广告创意四个层级对数据进行筛选提取，了解不同层级数据的情况。通过日期

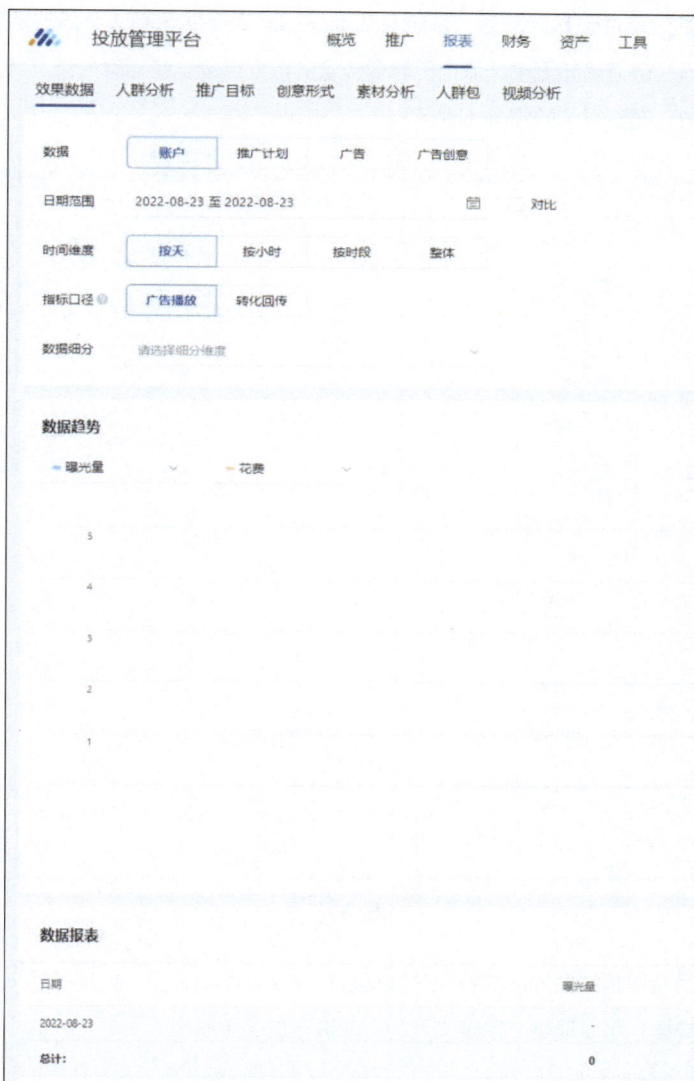

图 5-5

范围条件的筛选，营销人员可以根据自身需求选择提取的时段，也可以通过对比的方式对比不同时段的数据情况。在时间维度方面，平台支持按天、按小时、按时段和整体进行细分，细分的最小维度是按时段细分，可以展示每小时的数据情况。指标口径为转化效果数据的统计口径，分为广告播放和转化回传，分别代表广告的展现数据和转化效果数据。最后，营销人员可以通过数据细分选择查看广告扩量 / 非扩量数据或者广告版位数据。

将以上筛选条件设置完毕后，系统会在数据的图表区展示筛选数据的情况，同时营销人员还可以在数据趋势图中选取自己想要查看的数据维度，包括曝光量、点击量、点击率、点击均价、花费等，如图 5-6 所示。

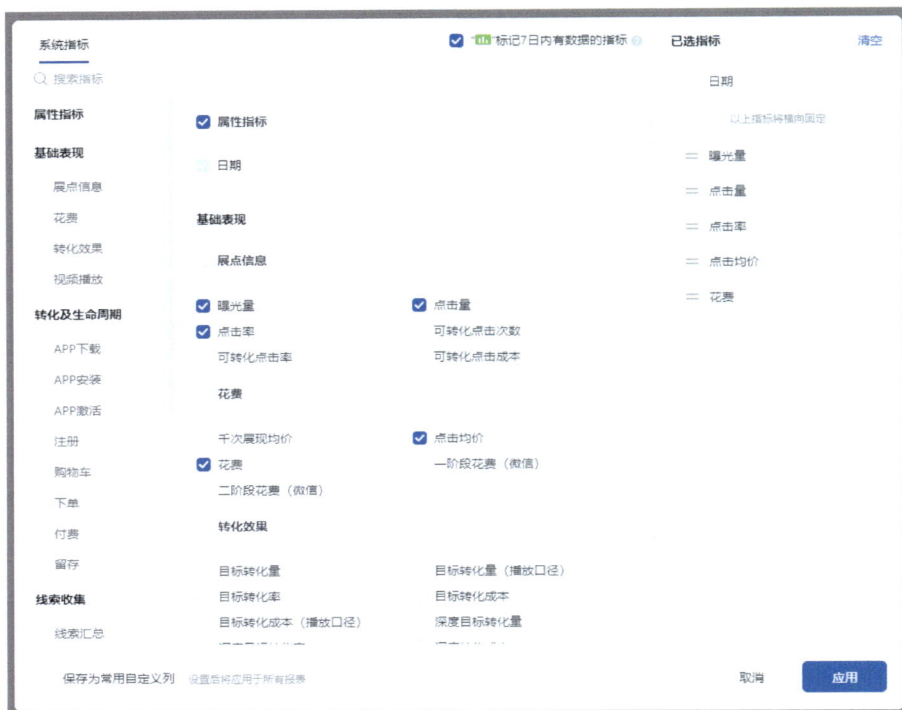

图 5-6

系统最后会以折线图的形式将相关数据直观展现给营销人员。如果营销人员想要获取更加具体的数据，可以通过"自定义列"功能进行进一步操作。

5.1.4　财务

在腾讯广告投放管理平台首页顶部，可以看到导航栏，单击"财务"选项，即可进入财务页面，如图 5-7 所示。财务页面用于设置账户的财务信息，同时提供了信用金管理、财务记录、日结报表和发票开具的服务功能，可帮助营销人员了解推广账户的整体财务情况。

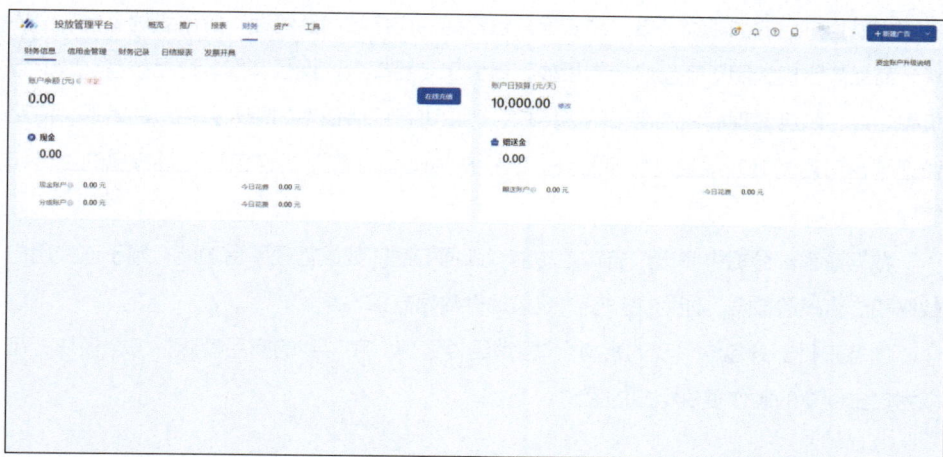

图 5-7

5.1.5　资产

　　腾讯广告投放管理平台的资产页面包括推广内容、数据营销和创意素材三个部分，如图 5-8 所示。

图 5-8

根据推广目的的不同，推广内容部分包括商品广告和门店管理、应用管理平台三个模块。商品广告模块用于商品广告的投放，提供了商品接入、模板制作、选品推荐、效果分析等功能；门店管理模块应用于门店推广，可以进行门店信息的录入和相应的管理；应用管理平台可对游戏产品进行特征标注，在投放 Android 应用广告包时可进行包的上传和管理。

数据营销部分提供腾讯广告知数功能，即原 DMP 数据管理平台功能，用于连接用户数据和广告投放数据，能为提升投放效果提供数据支撑。

创意素材部分包含"我的素材""营销组件管理"和"我的商品模版"三个模块，可以为广告创意的制作提供相应的素材。

5.1.6　工具

腾讯广告投放管理平台的工具页面提供了广告投放全链路中的各种辅助平台和工具，包括账户管理、投放管理、效果分析、创意制作、服务市场模块，如图 5-9 所示，可以满足营销人员对广告推广各方面的需求。

图 5-9

5.2　操作技能一：创建"推广计划"

腾讯广告投放管理平台的推广设置内容与巨量引擎广告投放平台大体相同，包括推广计划、广告和广告创意等。此外，腾讯广告投放管理平台的推广页面还增加了关键词快捷模块，使营销人员对关键词的管理和使用更方便。

进入推广计划页面，在推广计划页面的状态栏展示了推广计划的操作、曝光量、点击量等内容，营销人员还可以通过右上方的自定义列功能选择展示推广计划的其他内容，如图 5-10 所示。单击页面左上角的"新建推广计划"按钮即可进入创建页面，创建页面中包括计划类型、推广目标，投放方式、计划日预算及推广计划名称五项内容。

图 5-10

5.2.1　选择计划类型

腾讯广告投放管理平台支持推广两种广告计划，分别是展示广告计划和搜索广告计划，如图 5-11 所示。展示广告也就是信息流广告，覆盖的流量资源较丰富。搜索类广告是借用腾讯浏览器等搜索资源的优势而产生的搜索广告计划类型。营销人员可以根据自己的推广需求进行选择。

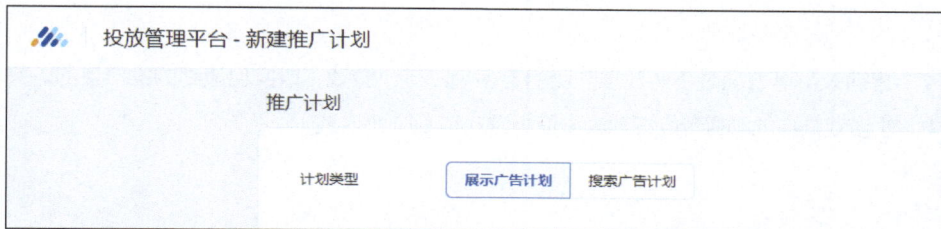

图 5-11

5.2.2　选择推广目标

营销人员如果选择了搜索广告计划，则只能选择网页推广，也就是通过腾讯的浏览器进行广告推广，通过提升页面访问量，推广品牌活动，收集销售线索。

如果营销人员选择了展示广告计划，系统中的推广目标就会较为丰富，分别有销售线索收集、品牌活动推广、网页推广、小游戏推广和门店推广，如图 5-12 所示。

图 5-12

1. 销售线索收集

以销售线索收集为推广目标的广告计划旨在收集意向客户的信息，开发更多潜在客户，该目标适用于微信平台。

2. 品牌活动推广

以品牌活动推广为推广目标的广告计划旨在扩大品牌的影响力，实现品牌曝光，吸引更多的用户参与品牌活动。

3. 网页推广

网页推广目标是指通过吸引用户访问网络页面，达到推广品牌活动，收集销售线索的效果，同时，网页推广也可以实现品牌活动推广的效果。

4. 小游戏推广

营销人员可以通过小游戏推广吸引更多用户玩小游戏，以实现最终的推广目的。其中，小游戏推广的场景可以细分为微信小游戏和 QQ 小游戏。

5. 门店推广

营销人员可以通过门店推广功能实现推广本地门店，吸引周边用户到店进行消费的目的。

5.2.3　选择投放方式

在腾讯广告投放管理平台中，广告计划的投放方式仅有两种，分别是标准投放和加速投放，如图 5-13 所示。营销人员在常规情况下可以选择标准投放，系统会在优化广告投放效果的基础上，让预算在设定的投放时段内较为平稳地消耗；而如果所要投放的广告处于冷启动期或需要迅速起量，营销人员可以选择加速投放方式，广告会以较快的速度获得曝光，但也会较快地消耗预算。

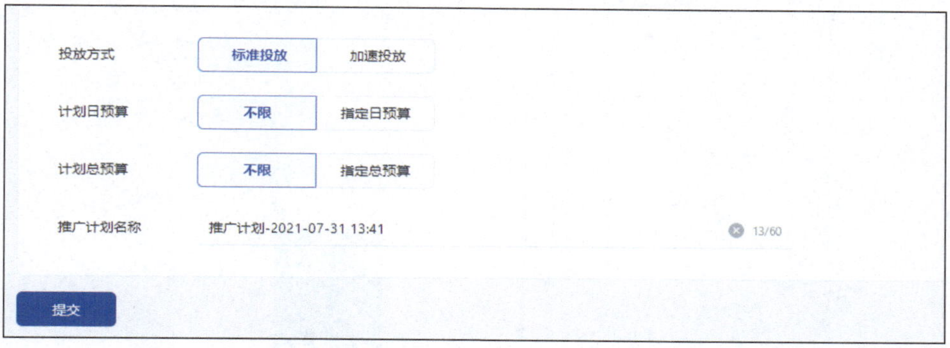

图 5-13

5.2.4　设置计划预算

计划预算分为计划日预算和计划总预算两个部分。营销人员可以根据自己的预算规划选择不限或设定预算数字。计划日预算是指计划内当日的广告预算情况，设置范围是 50~40 000 000 元 / 天。计划总预算是指计划内所有广告最多的预算情况，总预算设置范围是 50~40 000 000 元。

5.2.5　设置推广计划名称

系统自动生成的推广计划名称是"推广计划 – 年 – 月 – 日 时分"，营销人员可以根据自己的需求和习惯自行命名，只要与运营思路匹配，能够辅助后续的账户查看和优化即可。完成了推广计划名称的设置，单击"提交"按钮，就可以进入创建广告的阶段了。

5.3　操作技能二：创建"广告"

完成了广告计划的设置后，营销人员便进入创建广告阶段，在腾讯广告投放管理平台的新建广告中有四个模块，分别是广告形式、广告版位、定向和排期与出价，如图 5-14 所示。

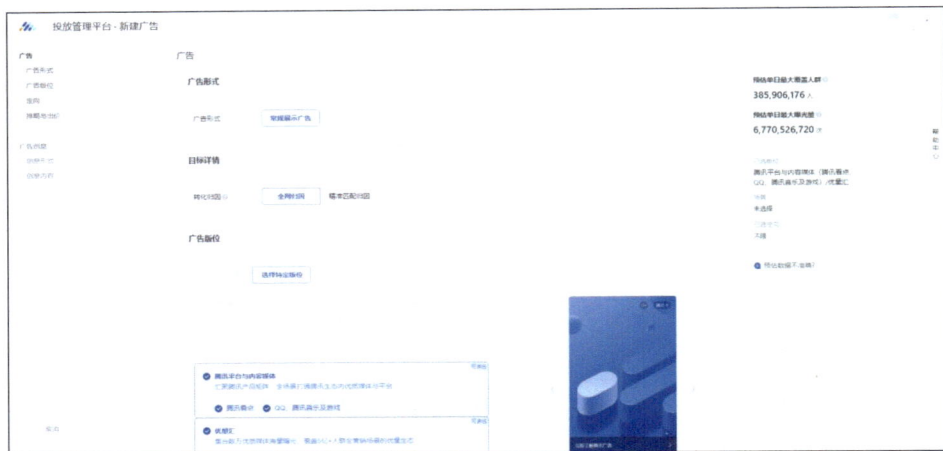

图 5-14

5.3.1　选择广告形式

如果营销人员在计划层级的广告计划类型中选择了展示广告计划，则在广告层级的广告形式中只有常规展示广告选项；如果在计划层级的广告计划类型中选择的是搜索广告计划，则在广告层级中默认广告形式为搜索广告。

在广告形式下方有一个转化归因功能选项，其可以帮助营销人员获取更为精准的回传数据，这一功能可以细分为全网归因和精准匹配归因两个选项。如果想要更为精准的数据，可以选择精准匹配归因选项，这个情况下需要新建相关的数据源，或者刷新已有数据源；如果没有相关的数据源，就选择全网归因选项；如果对转化归因功能不熟悉或没有条件进行操作，也可以选择全网归因选项。

5.3.2　设置"广告版位"

营销人员可以根据自己的推广目的选择自动版位或特定版位，如图 5-15 所示。可选的版位从上到下分别为微信朋友圈、微信公众号与小程序、腾讯平台与内容媒体、优量汇等，广告最终的展示效果会在右侧的广告版位模块展示，辅助营销人员了解可供选择的广告资源及具体的展示样式。需要注意的是，如果营销人员在新建广告计划层级中选择了网页推广，由于网页推广目前暂不支持微信朋友圈、微信公众号与小程序的广告版位，所以在广告版位栏中微信朋友圈和微信公众号显示为灰色不可选状态。

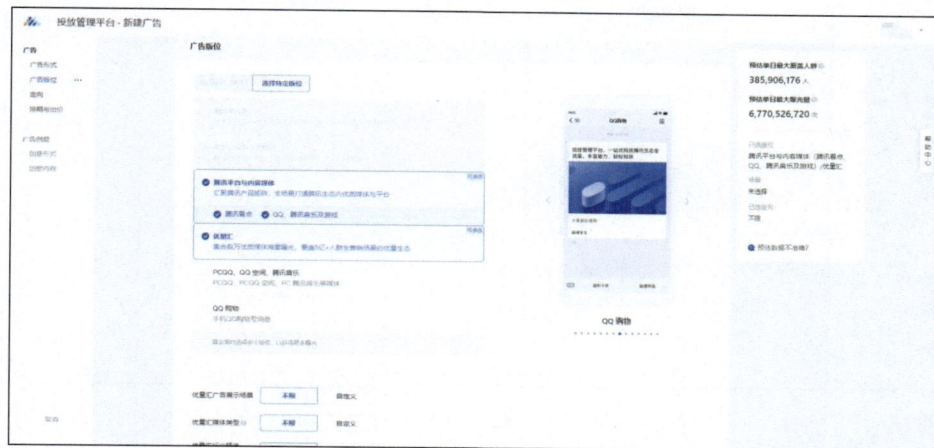

图 5-15

在广告版位中，除了腾讯自身的微信和 QQ 版位流量，腾讯平台与内容媒体还汇集了腾讯产品矩阵，包括腾讯看点、腾讯音乐、游戏及优量汇等，目前腾讯广告投放管理平台支持跨版位资源投放，营销人员可以选择多个版位进行广告投放，腾讯后台的数据报表也支持多版位的细分数据反馈，帮助营销人员复盘和优化广告投放。

5.3.3 设置"定向"

营销人员如果想进行更多维度的定向筛选，还可以进行定向设置。腾讯广告投放管理平台的定向设置主要包括基础定向、行为兴趣意向和辅助定向三个部分，如图 5-16 所示。其中，基础定向的选择标签有地理位置、性别、年龄、学历等；辅助定向包含自定义人群、财产状态、排除已转化用户等。

1. 基础定向

基础定向中包含地理位置、性别、年龄、学历等定向标签，营销人员可以根据用户的基础特征进行筛选。在地理位置定向中，可以选择按区域筛选，也可以通过地图进行更加精细的筛选。营销人员可以在地图中选择某个具体位置方圆几公里的定向范围，并对这一范围中近期到访、常住、曾经到访的人员从时间维度上再次进行细分。

101

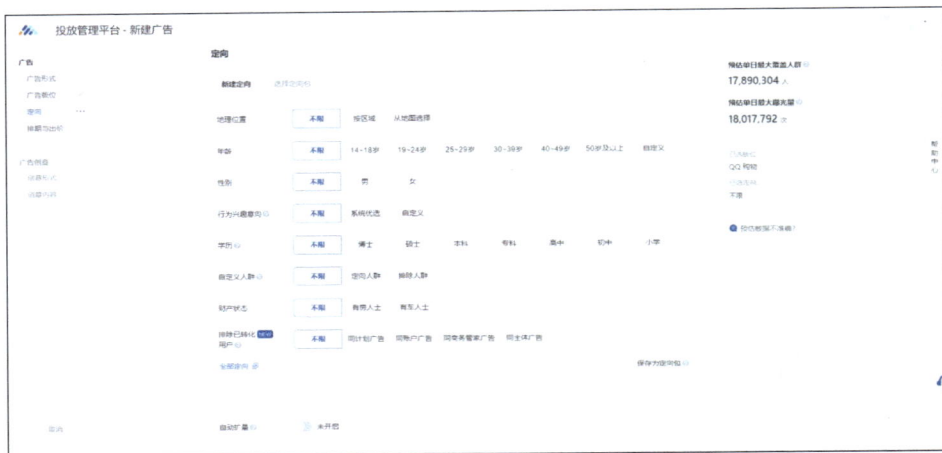

图 5-16

在年龄筛选部分，可以选择范畴分为 14 ~ 18 岁、19 ~ 24 岁、25 ~ 29 岁、30 ~ 39 岁、40 ~ 49 岁、50 岁及以上 6 个阶段，营销人员也可以自定义年龄区间。需要注意的是，根据国家法律法规，部分推广投放行业限定年龄为 18 岁以上。因此在这些限定行业内，即便在年龄筛选中选择了 14 ~ 18 岁，在实际的投放中也是无效的。

2．行为兴趣意向

行为兴趣意向功能可以帮助营销人员按照用户行为标签、长期兴趣或购买参与的意向，将营销广告精准推送给这些用户，如图 5-17 所示。如果营销人员选择了系统优选选项，系统会匹配相应的用户，覆盖量也会更大。如果想要更加精准地匹配用户，营销人员可以选择自定义选项进行匹配。

自定义功能筛选根据行为、兴趣和意向三个维度筛选用户，也就是筛选在特定场景有特定行为的用户、长期对某类事情有兴趣的用户和对某类产品或服务有意向的用户。其中，行为更具有时效性，营销人员在进行行为筛选的时候，可以对用户某个行为发生的时间进行选择，例如，7 天、15 天、30 天或更长。此外，还能对行为的场景和行为的强度进行进一步地细分。相对于行为，兴趣标签的时效性并不明显，从字面意思也能理解，兴趣是一个人一段时间内的行为偏向，相较于具体的行为，时效性不明显。意向标签则更加强调用户对某个产品的意向，如果想进行电商推广，营销人员可以重点关注这一类标签。

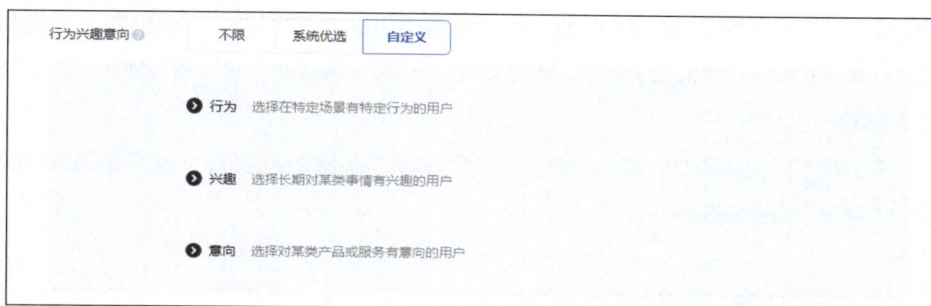

图 5-17

3. 辅助定向

辅助定向主要包括自定义人群、财产状态、排除已转化用户等功能。下面重点介绍自定义人群和排除已转化用户两个定向功能。

（1）自定义人群功能。

自定义人群是对指某一类用户精准定向的功能，也就是 DMP 功能。营销人员可以通过相应的数据包进行用户的定向覆盖，或者进行用户的定向排除覆盖。数据包主要分为平台数据包和自定义数据包。平台数据包可以直接使用；如果使用自定义数据包，营销人员可以通过后台积累的历史广告数据来制作历史人群数据包。

（2）排除已转化用户功能。

排除已转化用户功能是指在广告投放之前就进行转化用户的排除设置的功能。如果选择了排除已转化用户定向，在未来广告推广的过程中，系统将会自动屏蔽已经转化的用户，不再对其进行广告展示。这一功能目前只适用于 oCPC、oCPM 和 oCPA 出价方式的广告（对于 oCPC、oCPM 和 oCPA 出价方式会在下文出价部分详细说明）。

全部定向功能也属于辅助定向功能，如果营销人员希望定向更加细化，可以单击全部定向超链接，进一步细分人口属性、用户行为、自定义人群、设备信息、行业优选和天气定向等维度。

最后，如果营销人员的广告投放处于冷启动或者扩量期，可以尝试开启系统的自动扩量功能，开启自动扩量功能后，系统会根据历史数据，在广告原有定向人群外主动触达更多目标人群。不过自动扩量属于系统智能扩量，可能会降低定向精准度。

在选择"自动扩量"之后，营销人员还需要进行不可突破定向设置，不可突破定向是自动扩量的附加功能，对"地域""年龄""性别"有强制要求的营销人员可以使用不可突破定向功能来限制自动扩量人群的范围。例如，营销人员只希望将广告投放给北京的人群，在地域定向中已经勾选了北京。此时营销人员指定扩量不可突破定向为地域，那么广告将只展示给北京用户。

在选择不可突破定向功能后，营销人员还可以选填扩量种子人群，如果营销人员有相应的人群包，直接勾选即可。

5.3.4　设置"排期与出价"

营销人员完成了定向功能的设置后，接下来需要进行广告的排期与出价设置，如图 5-18 所示。

图 5-18

1. 排期

广告的排期设置分为投放日期和投放时间两个部分。投放日期有长期投放、指定开始日期和结束日期两个选项。如果选择长期投放选项，只需要设定开始日期，开始日期一般是广告通过审核上线之日。投放时间是指营销人员设置的广告在一天当中投放的时段，可以设置为全天投放，也可以指定开始时间和结束时间，还可以指定多个时段。营销人员需要注意的是，广告推广时段一定要覆盖平台用户的活跃时段（也叫黄金时段），这样可以保证投放的效果，同时，也要保证广告的持续性，以免形成广告断档。

2. 出价

广告出价的设置包括出价方式、优化目标、出价类型、出价策略、分版位出价、一键起量、深度转化优化和广告日预算等设置。

（1）出价方式。

系统提供的出价方式有 CPM、CPC、oCPM 和 oCPC4 种。

CPM（Cost Per Mille，每次展现出价）：是一种按照曝光量进行付费的广告形式，也可以理解为按照展示付费。比如抖音的 DOU+、开屏广告、信息流等，都含有这种广告。

CPC（Cost Per Click，每次点击出价）：是按照点击付费。用户看到广告不收费，点击广告链接，才算完成付费，根据广告被点击的次数进行收费。

oCPM（optimized Cost Per Mile，优化每次展现出价）：是在 CPM 的基础上，先通过 CPM 模式对广告进行曝光展示，有效成交客户时，会对成交客户类型、客户特点等进行分析，针对分析后的精准数据再次推广，进行曝光展示。

oCPC（optimized Cost Per Click，优化每次点击出价）：是在 CPC 的基础上，以优化为目标，同时以点击为收费依据的一种计费方式。

广告版位不同，出价方式就有所不同。如果广告版位在 QQ、腾讯新闻、腾讯视频，则系统所支持的出价方式就会较为丰富。另外，如果营销人员在定向阶段开启了自动扩量功能，则无法选择 CPM 出价方式。

（2）优化目标、出价类型、出价策略。

如果营销人员在出价方式中选择了 oCPM 或 oCPC，则接下来需要设置相应的优化目标、出价类型及出价策略。智能出价广告需要根据具体的优化目标投放，例如，营销人员的目标是获取用户表单，勾选了该目标之后，在广告投放过程中，系统将以获取更多用户表单为目的进行优化。

出价类型分为手动出价和自动出价。如果营销人员选择自动出价，系统将自动为广告出价。如果营销人员选择手动出价，则需要设置出价策略和出价价格。出价策略分为稳定拿量、优先拿量、优先低成本三种策略。在稳定拿量策略下，系统根据营销人员的目标出价自动进行调节，以稳定广告的转化成本；在优先拿量策略下，系统会为营销人员的广告争取尽可能多的转化量，并在必要时提高竞价，因此营销人员的实际成本可能会超出目标出价；在优先低成本策略下，系统会尽量在不超过营销人员的广告目标价格的前提下获取更多转化量。

在确定出价策略后，营销人员就可以直接进行出价了，在出价一栏中，系统也会提供建议出价区间供营销人员参考。

（3）分版位出价。

如果营销人员的广告投放方式选择了多版位投放，就需要进行分版位出价。不同的版位带来的流量质量会有所差异，因此需要根据不同的版位设定不同的版位出价系数。分版位出价功能能够帮助营销人员为多版位广告组合设定不同的出价空间，争取不同的版位，从而匹配推广需求的出价范围。

（4）一键起量。

一键起量功能是为了快速帮助新广告度过冷启动、快速拓量期的功能。开启该功能后，营销人员需要填写起量预算金额，预算范围在 200~100 000 元。设置完成后，系统会在 6 小时内快速花完这笔预算，使广告被更多地展现，在此期间的转化成本很可能会高于预期。营销人员为一条广告仅可以使用一次该功能。

（5）深度转化优化。

深度转化优化是专门为深度转化数据稀少但又想优化深度转化效果的营销人员提供的一种全新的 oCPA 出价模式。营销人员只需同时设定浅层和深度两个优化目标，系统会在浅层转化目标成本可控的基础上优化深度转化目标成本，最终在整体成本可控的基础上获取更多有深度转化行为的用户。

（6）广告日预算。

日预算分为不限预算和指定日预算两种类型。营销人员可以根据实际需求选择相应的预算设置，最后的广告名称可以自动生成，也可由营销人员自主命名。命名完毕后，单击"提交"按钮便可以进入具体的广告创意的创建页面。

5.4　操作技能三：创建"广告创意"

　　腾讯广告投放管理平台的广告创意模块包括创意形式和创意内容两个部分，如图
5-19 所示。在创意形式部分，营销人员可以选择自定义创意和动态创意两种类型，并决
定创意是以优选模式还是轮播模式进行展现。营销人员可在创意内容部分对创意的素材、
标题、落地页及转化辅助进行相关设置。

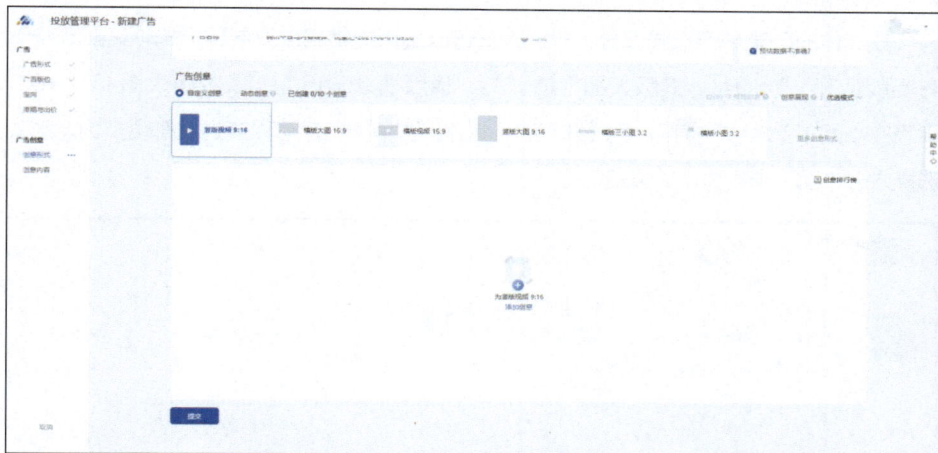

图 5-19

5.4.1　设置"创意形式"

　　腾讯广告的创意形式有自定义创意和动态创意两种。如果营销人员想要全权把控展示
给用户的广告的具体形式，就可以通过自定义创意形式进行创意编辑。营销人员需要编辑
的内容包括广告标题、广告素材等相关组件。营销人员如果选择动态创意形式，则只需要
上传多个视频、图片和文案，系统将会对这些素材进行组合和展现。

1. 自动衍生视频创意

　　在创意形式页面的右上方有一个自动衍生视频创意的选项，该功能可以将广告中原有
的图片（或视频）智能合成新的视频创意并插入原广告，减少营销人员制作视频创意的时
间，当然也会增加一定的广告账户预算消耗。

2. 创意展现方式

在自动衍生视频创意功能右侧是关于创意展现方式的选项，可选项有优选模式和轮播模式。在优选模式下，系统会根据创意效果自动选择曝光，使广告投放效果达到最佳；在轮播模式下，系统会均等地曝光不同的创意，有利于营销人员自行对比不同创意的数据情况。

3. 创意展现形式

在具体的创意展现形式部分，营销人员可以选择的常用创意展现形式（见图5-20）有竖版视频（9∶16）、横版大图（16∶9）、横版视频（16∶9）、竖版大图（9∶16）、横版三小图（3∶2）、横版小图（3∶2）。此外，营销人员还可以通过展开更多创意形式选择方形大图、卡券广告等展现形式。

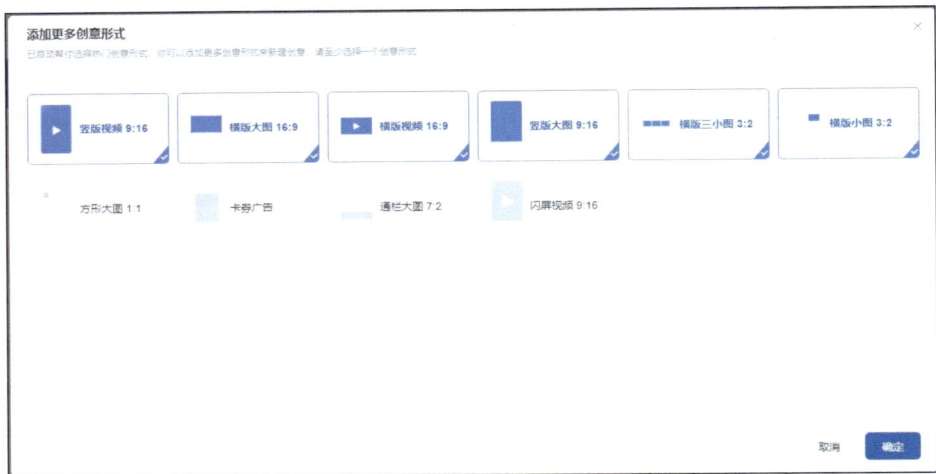

图5-20

5.4.2 上传"创意内容"

设置完创意形式后，营销人员便可以直接对内容进行编辑并进行相关功能的设置，如图5-21所示。例如，营销人员选择了自定义创意类型中的横版大图，接下来就可以在创意内容模块填充具体的创意内容。在对内容进行填充和编辑的同时，营销人员可以在右侧预览区查看创意效果。

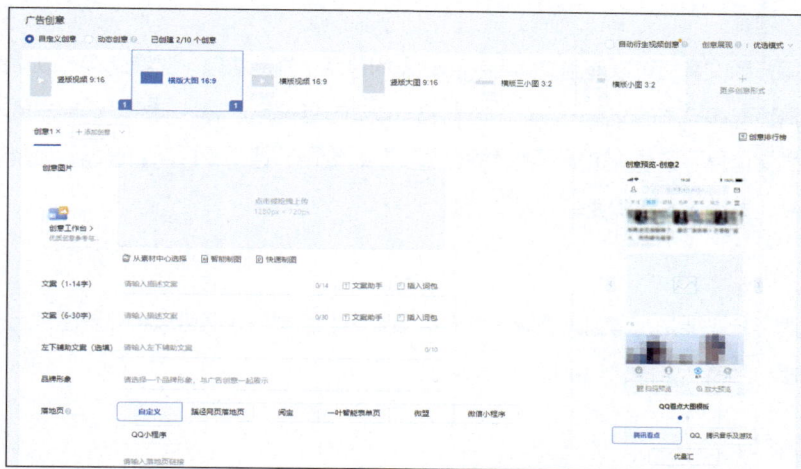

图 5-21

下面介绍创意内容包含的图片 / 视频素材、创意文案、品牌形象、落地页和转化辅助，如图 5-22 所示。

图 5-22

1.　图片 / 视频素材

无论广告创意是图片形式还是视频形式，营销人员都需要上传图片 / 视频。系统也会自动提醒上传的图片 / 视频的大小及格式。图片素材的生成方式有三种，分别从素材中心选择、智能制图及快速制图。上传素材之后，营销人员可以在右侧预览区看到图片 / 视频素材的展示情况。

2.　创意文案

创意文案又被称为标题文案。营销人员需要填写的标题文案有两条，分别是 1~14 字的文案信息和 6~30 字的文案信息，分别对应广告在不同的流量渠道的展现形式，营销人员可以预览具体的展示区域。根据不同的文案所在位置，营销人员要选择合适的文案长度或文案内容等。

撰写标题文案时可以使用文案助手和动态词包两个辅助功能。文案助手可以帮助营销人员选择适配率较高的文案内容。动态词包可以动态匹配用户属性情况，给用户展示匹配度高的文案信息，目前腾讯支持的动态词包类别有城市、性别、日期和星期，如果创意形式是图片，营销人员还需要输入辅助文案。

3. 品牌形象

品牌形象主要是指营销人员宣传的产品品牌信息，营销人员可以将品牌图片上传并与广告创意一起展示。

4. 落地页

腾讯广告投放管理平台支持的落地页种类有自定义落地页、蹊径网页落地页、阅宝、一叶智能表单页、微盟、微信小程序和 QQ 小程序等。自定义落地页可以是个人或企业的自有网站，经过腾讯后台审核通过后便可以直接使用。

5. 转化辅助

转化辅助功能能够为营销人员提供更多帮助广告转化的辅助工具，刺激用户的转化行为。营销人员可以根据广告创意的形式、展现效果自行设置。具体设置选项包括行动按钮、标签、挂件、数据展示、倒计时等。

完成上述设置后，营销人员可以在网页右侧的预览区查看用户最终能够看到的创意效果，完成创意名称的命名并提交，在通过审核后，该广告创意内容便可以完整展示给用户。如果后期需要对创意内容进行调整，则调整后的创意内容在重新审核通过后才可以进行投放和展示。

第 6 章

搜索引擎广告投放

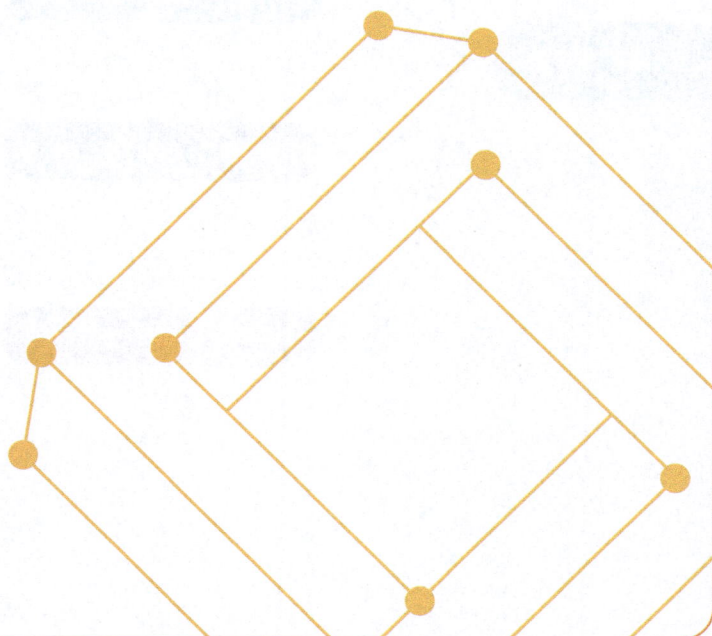

- 百度营销搜索推广平台主要功能
- 搜索引擎广告投放平台广告投放的方法

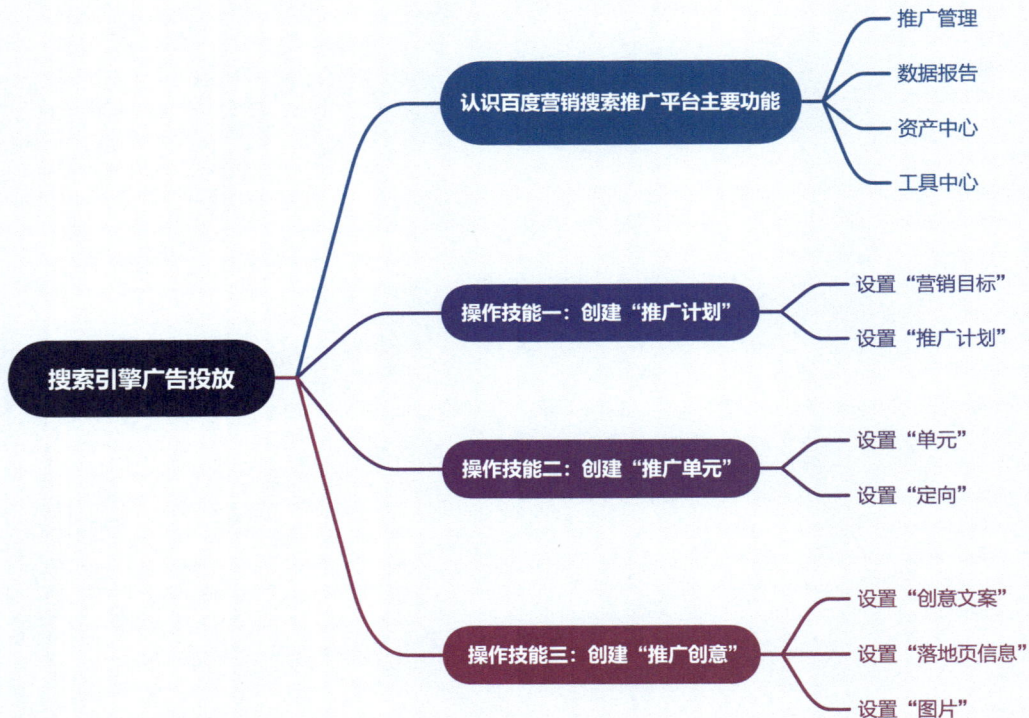

6.1　认识百度营销搜索推广平台主要功能

营销人员通过百度营销搜索推广平台的官方登录页面进入百度营销搜索推广平台首页，如图 6-1 所示，单击搜索推广模块中的"进入"选项，即可进入百度营销搜索推广页面。

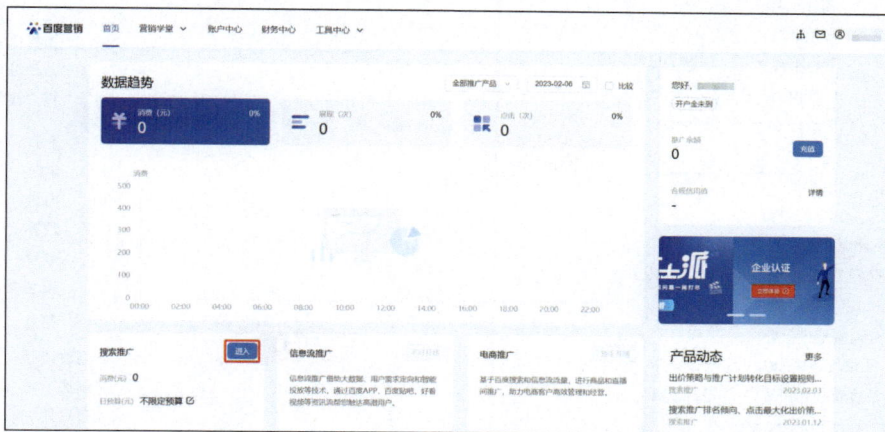

图 6-1

在百度营销搜索推广页面上方的菜单栏中可看到百度营销搜索推广平台主要包括四大功能模块，分别是推广管理、数据报告、资产中心及工具中心，如图 6-2 所示。

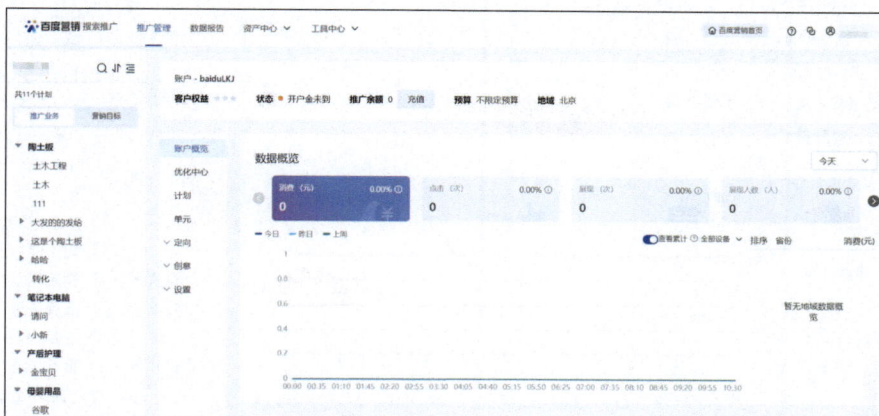

图 6-2

四大功能模块下又细分为多个维度内容，如图 6-3 所示，接下来会对各个功能板块及其下属内容进行详细介绍。

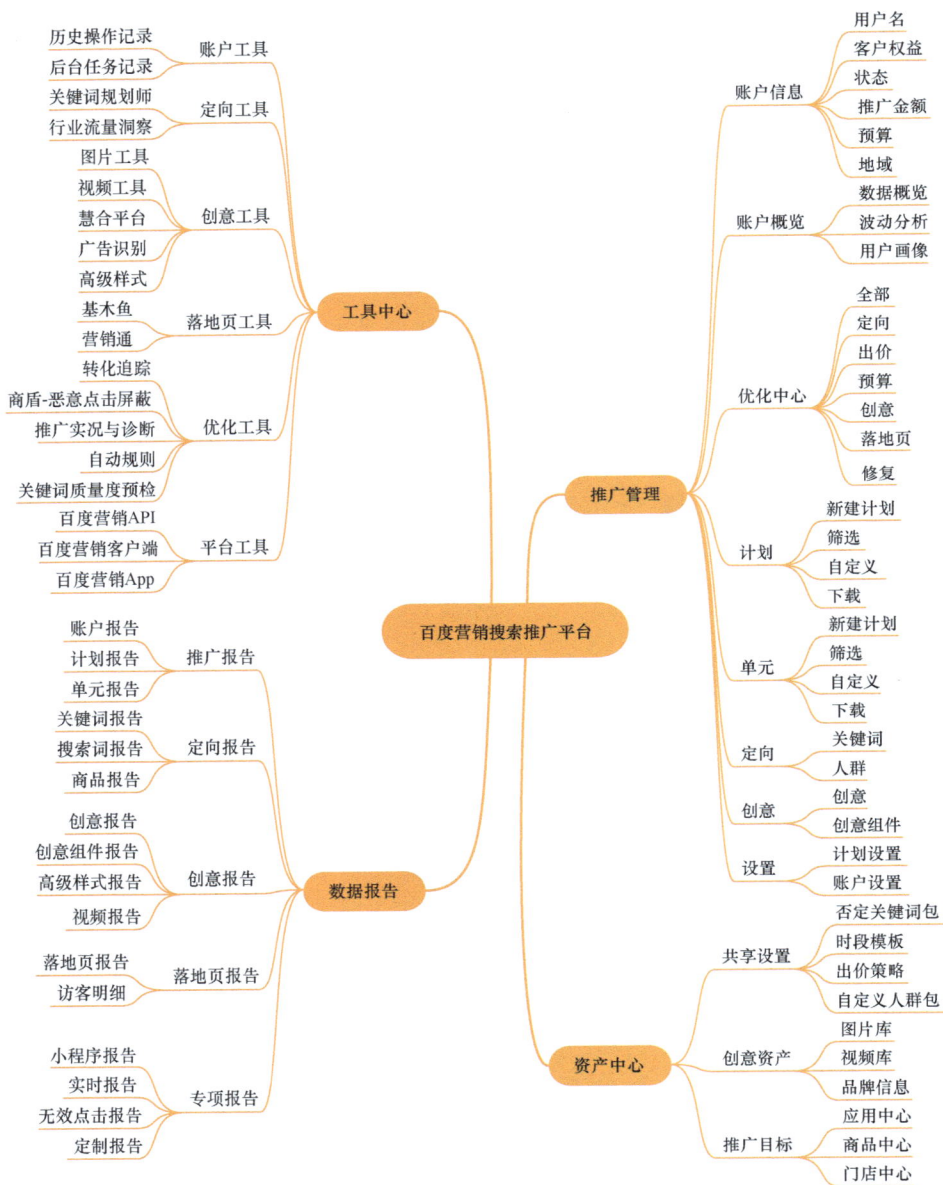

图 6-3

6.1.1　推广管理

百度营销搜索推广平台的登录首页为推广管理页面，页面左侧一列是"账户树"，显示了账户中推广计划对应的推广业务和营销目标，直观地向营销人员展示当前账户正在推广的计划情况，营销人员可以根据添加时间新旧或首字母大小顺序对这些推广计划进行排序。将鼠标指针悬浮在所选对象上可直接进行"启 / 停""新建"操作，如图 6-4 所示。

单击"收起账户树"按钮也可以将此栏隐藏，如图 6-5 所示。

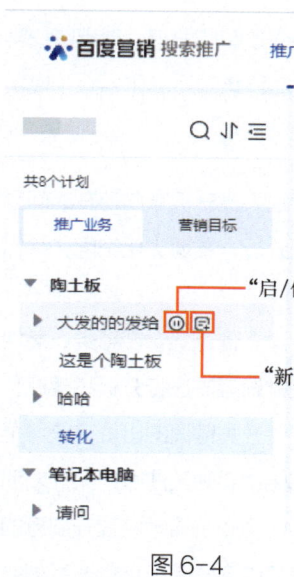

图 6-4

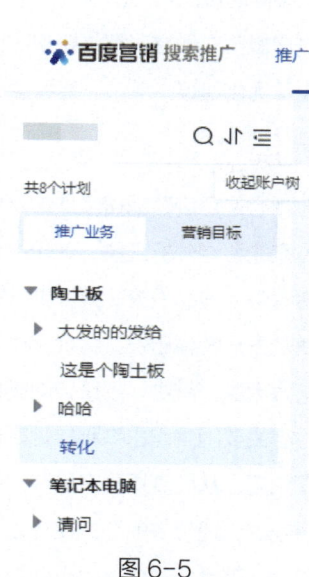

图 6-5

推广管理页面的顶部展示了账户的基本情况，包括账户名称、账户权益、状态、推广余额、预算及地域情况，帮助营销人员迅速了解账户的基本情况。

与巨量引擎广告投放平台和腾讯广告投放管理平台不同，百度营销搜索推广平台将账户概况和推广管理合并在同一个页面，将账户概览、优化中心、计划、单元、定向、创意及设置归集在一栏中。

1. 账户概览

账户概览展示了账户的数据概览、数据的波动分析及用户画像三个模块，同时在页面右侧还有对账户的整体概况的优化建议，即优化建议模块。

在数据概览处，营销人员可以查看今天、过去 7 天等时段内账户的消费、点击、展现、展现人数等数据情况，这些数据情况还可以按照设备（移动 /PC）和地域情况进行分类展示。基于数据概览情况，系统还支持查看不同时段的数据波动分析情况。在波动分析模块上营销人员可以自行选择对比的时段、日环比 / 日同比的对比类型。在波动分析页面上还会展示账户中 TOP50 的推广计划列表。

在账户概览的最下方，系统会向营销人员展示当前账户推广计划的用户画像，用户画像模块支持选择展现人群 / 点击人群和昨天 / 过去 7 天的分类筛选，帮助营销人员查看不同类型和不同时段的用户画像情况。

在账户概览右侧是对整体账户的优化建议模块，系统通过智能分析，得出账户当前存在的问题及优化建议，单击"查看全部"按钮，系统将自动跳转到"优化中心"模块。

2. 优化中心

优化中心是百度营销搜索推广平台推出的一款帮助营销人员分析账户存在的问题并提出解决方案的智能分析工具。优化中心依据账户投放情况分析，发现优化空间，给出改善方案，为营销人员的投放决策提供一定的建议。

系统从账户整体出发，将优化中心分为定向类、出价类、预算类、创意类、落地页类和修复类六大类。其中，系统定向类优化中心主要围绕关键词流量进行分析和建议；出价类优化中心主要围绕点击率和转化率进行优化，通常来说提升关键词的出价可获得更好的广告展现位置，从而获得更多的点击率和流量；预算类优化中心则关注账户和计划消费情况，对下线早、消耗快的账户和计划进行优化；创意类优化中心主要围绕提升创意的点击率进行优化；落地页类优化中心则基于当前落地页的设置和内容体验，提供一系列针对广告落地页的优化建议，以便更好地改善广告投放效果；修复类优化中心主要围绕账户的推广完整度进行优化，有为空计划添加单元、调整审核不通过的物料和修复异常转化数据来源三项功能。

优化中心涵盖了账户日常优化的方方面面，围绕"拓量""提质""增效"三个方面开展工作。出价类和预算类优化中心的作用是拓量；定向类、创意类和落地页类优化中心的作用是提质；修复类优化中心的作用则是增效。营销人员可以单击"一键采纳"按钮，让所有优化建议直接生效。

3. 计划、单元、定向、创意

账户中所有搜索广告的增加、删除、修改、调整都可以在计划、单元、定向和创意层级中进行，也可以通过多选功能进行批量操作。

4. 设置

设置功能包括计划设置和账户设置两个模块。在计划设置模块能够对当前所有的搜索推广计划进行编辑和设置，可以设置的选项包括计划名称、状态、推广业务、预算等，同时还能通过右上角的自定义功能添加或删除设置选项。此外，勾选计划左侧的方形空格，可以实现批量设置。在账户设置模块，可以对当前账户的整体功能进行设置，例如，账户信息、预算、搜索意图地域词、创意、中文域名、创意组件等。

6.1.2　数据报告

营销人员在推广管理的账户概况页面只能够了解账户整体的数据概况，如果想要了解更加全面的广告投放情况，进行效果评估，则可以在数据报告模块查看各类数据，百度搜索推广数据报告页面提供了推广报告、定向报告、创意报告、落地页报告和专项报告，如图 6-6 所示。

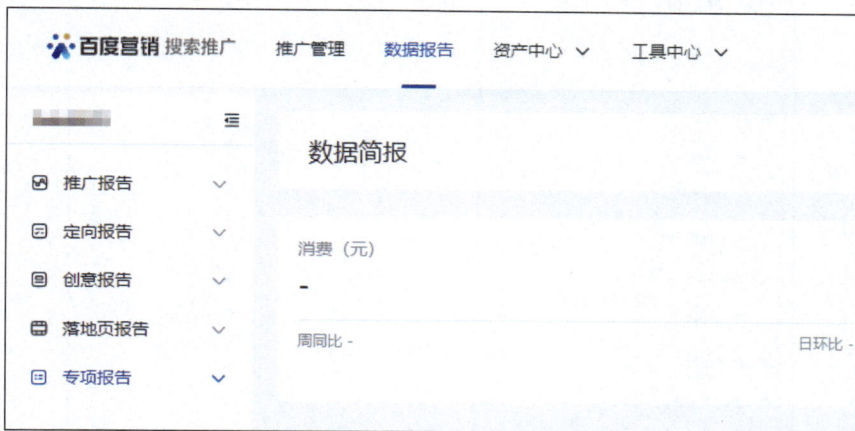

图 6-6

1. 推广报告

推广报告模块根据账户推广搭建的逻辑，划分出了账户、计划、单元几个维度，展现账户不同层级的消费、转化等全链路效果数据。

数据报告页面整体分为筛选区、图表区及详细数据区。

在筛选区中，营销人员可以根据时间、设备、购买方式、推广计划、推广单元等内容筛选；系统支持查看近两年数据，并支持数据对比；同时支持时间单位、推广设备、购买方式等多维度交叉分析。

在图表区以图表的形式展示了不同层级的数据情况，账户层级的图表区与计划和单元层级的图表区在显示上存在差异，营销人员可以在账户层级的图表区查看整体推广账户的消费趋势和分布，在计划和单元层级的图表区查看推广计划或推广单元的 TOP 榜单。推广账户报告图表区还支持按照展示、点击、消费三种数据维度分别呈现地域分布、时段分布数据。

在详细数据区展示了账户不同层级的具体数据情况，账户报告、计划报告和单元报告的表格区均支持数据指标查看、下载和不同维度数据的交叉对比等操作。

2. 定向报告

在数据报告左侧导航栏中可以看到定向报告，定向报告记录了推广计划中定向设置及其效果数据，包括关键词报告、搜索词报告和商品报告等，如图 6-7 所示。

图 6-7

在关键词报告中，营销人员可以针对每一次投放的成本精准分析，关键词报告页面分为筛选区、图表区、表格区。在筛选区可以按照时间、设备、购买方式筛选，同时也支持对比分析。在图表区，营销人员可以查看关键词漏斗和关键词波动榜单。关键词漏斗分为展现、点击和有效转化三个环节，便于营销人员观察从展现到转化过程中，关键词的数量分布。关键词波动榜单支持按照消费等指标查看关键词增幅/降幅的排序，帮助营销人员找到波动较大的关键词。在表格区，营销人员可以设置、下载、查看不同维度的效果数据。

与关键词报告不同，搜索词报告披露的是用户检索的词条。通过搜索词报告，营销人员可以了解用户通过哪些词触发了广告，并且了解广告的触发方式、匹配的模式、对应的关键词及相应的广告展现、点击和消费信息。营销人员可以根据从搜索词报告处获得的用户行为信息，制定产品的营销和服务策略。搜索词报告页面分为筛选区和表格区，营销人员可以按照标签筛选，并在表格区设置、下载和查看等。

在商品报告中，营销人员能够查看被展现商品的数据，数据中不包含广告标题的展现，因此商品报告数据会少于计划、单元和创意数据。商品报告页面也分为筛选区和表格区，具体操作与搜索词报告的相似。

3. 创意报告

在创意报告中，可以查看当前账户下所有创意及创意组件相关的展现、点击、消费、转化等全链路效果投放数据。当前百度营销搜索推广平台中的创意报告包括四个部分，分别是创意报告、创意组件报告、高级样式报告和视频报告，如图6-8所示。

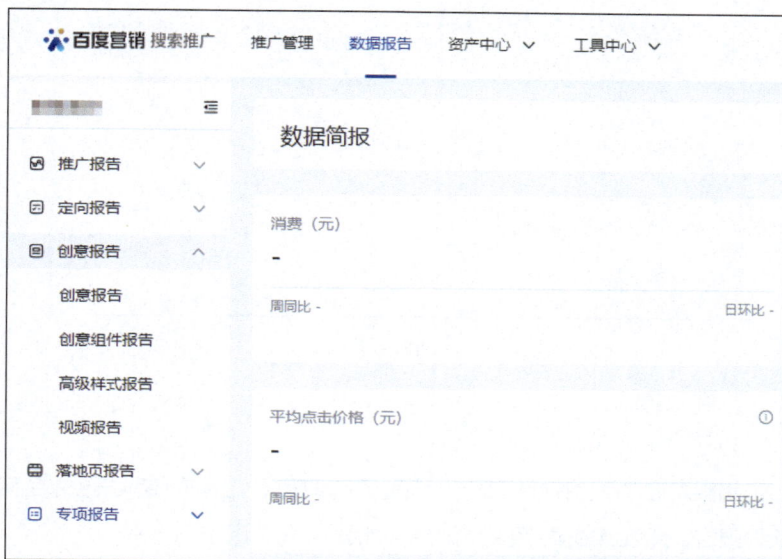

图6-8

创意报告展示了当前账户下创意相关的展现、点击、消费、转化等全链路效果投放数据，能够帮助营销人员进行数据分析和投放指引。创意组件报告则进行了一定的细化，详细展现了不同创意组件带来的转化效果。高级样式报告可以基于动态商品广告的投放，提供"商品组件"的投放效果数据。视频报告则展示将创意中的视频内容单独进行分析得出的全链路效果投放数据。以上几个报告的页面均有筛选区和表格区两个部分，营销人员可以根据自己的需求进行筛选和相关设置。

4. 落地页报告

如果营销人员想要了解落地页的转化效果，可以通过落地页报告了解具体情况，如图6-9所示。落地页报告分为落地页报告和访客明细两个部分。通过落地页报告，营销人员可以了解落地页的抵达情况，计算出每个落地页的转化率。营销人员通过勾选相应的字段即可生成想要获得的落地页报告。在访客明细报告中，营销人员可以查看访客的实时明细数据，例如通过查看IP和访问时长，发现异常访客，也可以对访客数据进行批量下载，进行进一步的数据分析。

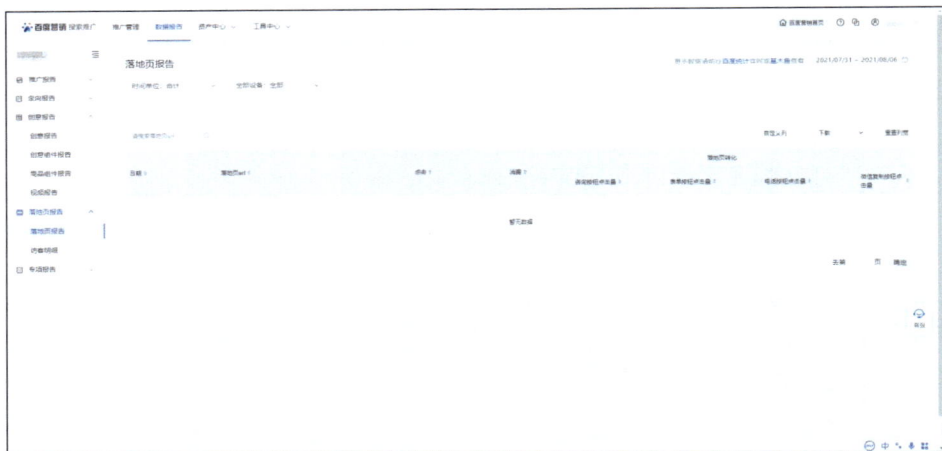

图6-9

5. 专项报告

百度营销搜索推广平台在数据报告中设置了专项报告，当前的专项报告中包括小程序报告、实时报告、无效点击报告和定制报告，如图6-10所示。

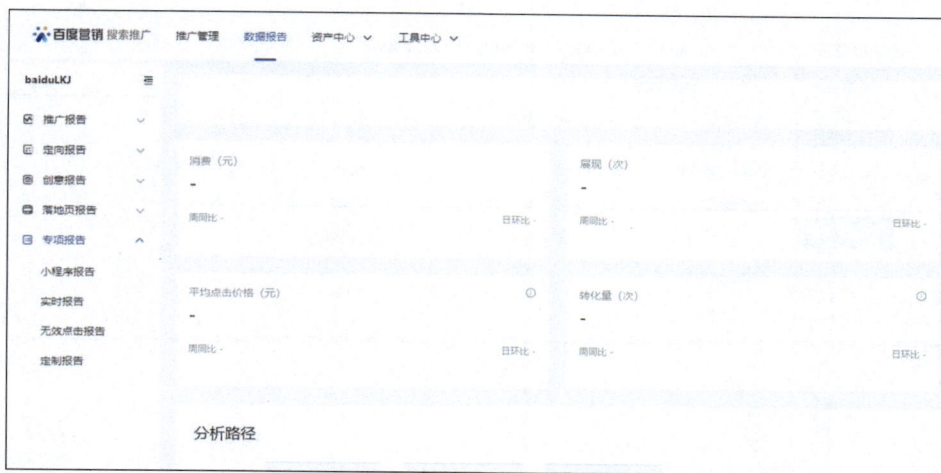

图 6-10

小程序报告展示了在百度小程序投放的相关数据。通过实时报告，营销人员能够查看账户 30 分钟内的关键词 /URL、推广计划等消费数据。在无效点击的报告中，营销人员可以查看百度搜索推广对无效点击的过滤情况，同时也可以开启屏蔽功能，对高风险 IP 进行屏蔽，从而保护账户推广资金。营销人员还可以开启定制报告功能，基于当前各层级报告的指标和维度，选择全部或部分指标生成数据报告，生成的相关报告会发送到指定的邮箱。需要注意的是，目前一个账户下最多可生成 50 份定制报告，生成 50 份定制报告后，如果想要继续生成定制报告，需要删除已有定制报告。

6.1.3 资产中心

百度营销搜索推广平台的资产中心中包括共享设置、创意资产和推广目标三个部分，如图 6-11 所示。共享设置中包括否定关键词包、时段模板、出价策略和自定义人群包。营销人员可以将这些设置应用于多个推广计划或广告组，减少操作。创意资产中包括图片库、视频库和品牌信息，可以直接用于推广创意的创建。推广目标中包括应用中心、商品中心和门店中心，营销人员和品牌信息可以根据推广目标集中管理需要推广的应用、商品及门店。

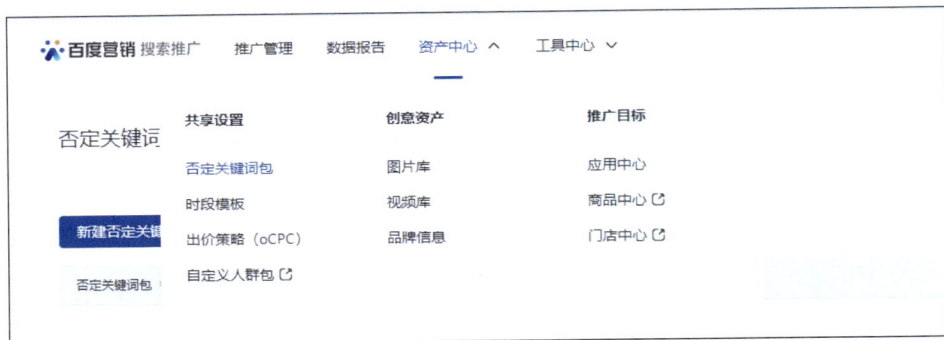

图 6-11

6.1.4　工具中心

为了帮助营销人员更加便捷有效地进行账户、计划、广告及创意的创建和设置，百度营销搜索推广平台的工具中心推出了丰富的辅助工具，包括账户工具、定向工具、创意工具、落地页工具、优化工具和平台工具，如图 6-12 所示，并且这些工具中心也在不断调整和优化中。合理使用这些辅助工具，能够更好地帮助营销人员实现搜索引擎广告的投放。

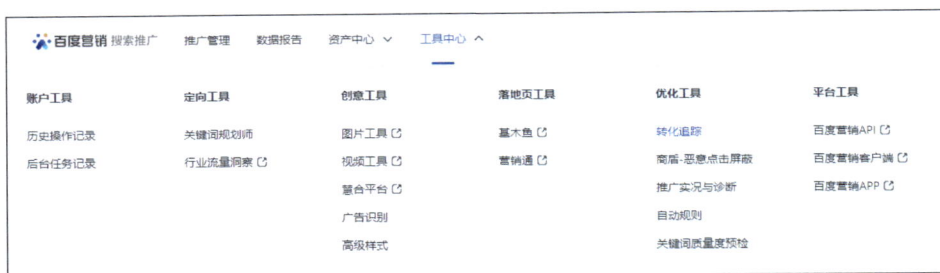

图 6-12

6.2　操作技能一：创建"推广计划"

百度营销广告的创建是在百度营销搜索推广平台的推广管理页面实现的。如果想创建的推广计划属于已经存在的推广业务或营销目标，可以在推广管理页面的左侧栏（"账户树"模块）进行新建。将指针放在相应的推广业务或者营销目标上，会浮现对应的"新建该推广业务下的计划""新建该营销目标下的计划"按钮，单击相应按钮，便可直接新建推广计划，如图 6-13 所示。新建推广单元时也可以用此方法。

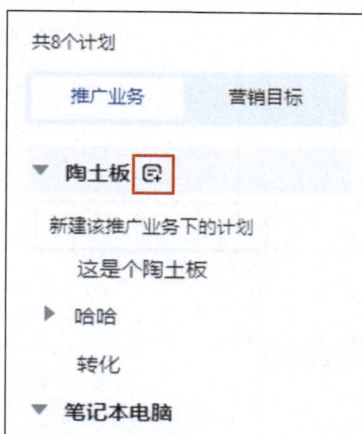

图 6-13

除了在"账户树"模块中创建推广计划，营销人员还可以在推广管理下的计划页面创建新的推广计划，单击"新建计划"按钮，如图 6-14 所示，便可以进入新建推广计划页面。

图 6-14

推广计划的创建包括营销目标和推广设置两个部分，如图 6-15 所示。

图 6-15

6.2.1 设置"营销目标"

1. 选择营销目标

推广计划的营销目标中包括网站链接、应用推广、商品目录、本地推广和电商店铺推广。

以网站链接为营销目标是指通过关键词 / 网址等定向设置，增加网站的流量。应用推广针对的是移动端应用，增加应用的下载量、安装量、激活量和付费量。以商品目录为营销目标即实现商品的转化，适用于零售平台、汽车平台、旅游品牌、房产平台等，营销人员需要有自己的商品目录。本地推广适用于线下门店，用于提升到店率。电商店铺推广则主要适用于成熟的电商店铺。

下面以网站链接为营销目标，介绍推广计划的创建流程。

2. 进行推广设置

在选择了营销目标后，营销人员需要进行推广设置，选择相应的推广业务。推广业务是新增计划的属性，是对某个计划进行产品或服务的细分，每个计划都需要设置一个推广业务。例如，语言培训客户，推广业务可能有"雅思培训""少儿英语"等，建议选择最细分领域的推广业务，这样后续提供的数据及竞品分析也会更加精准。

推广业务有两个选项，分别是"选择一个推广业务"和"只推广品牌类关键词"。如果选择前者，则需要从已有的推广业务中选择或从系统提供的"其他推广业务"中选择需要推广的业务。如果选择了"只推广品牌类关键词"选项，则无须设置推广业务，系统只会推广品牌类关键词，例如，品牌名称、公司名称、商标等。

6.2.2 设置"推广计划"

设置完毕营销目标后，便可进入下一步——计划设置，如图 6-16 所示。计划设置具体包括计划名称、优化目标、推广网址、推广地域、推广时段、推广方式、设备出价、预算和人群设置。

图 6-16

1. 设置推广计划名称

推广计划名称可以由营销人员自行设置，系统要求字数不能超过 30 个字。营销人员可以根据业务需要对推广计划命名。

2. 设置优化目标和推广网址

优化目标分为点击和转化两种，分别对应了 oCPC 和 oCPM 两种收费方式。确定优化目标后，进入推广网址的设置（假设推广目标为"网站链接"），如果优化目标是点击，则营销人员可以填写需要推广的网址，但输入的网址主域名要与账户注册时提交的网址主域名一致。除了自行填写网址，营销人员还可以选择落地页作为推广网址。

3. 设置推广地域

在推广地域设置中，营销人员既可以选择账户所在地域，也可以通过自定义功能，按省份或按照发展程度来选择相应的推广区域，并且能够设置每个地区的出价系数，营销人员可以根据推广地区的竞争情况设置不同的出价系数。

4. 设置推广时段和推广方式

在设置推广时段时，营销人员既可以选择"不限"选项，也可以根据所要推广的业务特征设置推广的时段。营销人员可以将设置好的时段保存到共享库，在设置其他推广计划时直接引用该时段。计划推广方式分为两种，分别是关键词推广方式和网址推广方式。其中，网址推广方式是通过追踪网站、竞品网站、行业知识网站等获得流量，增加扩大的范围。

5. 设置设备出价

设置推广计划的出价时可以按照用户的设备设置出价系数。如果营销人员选择"以移动出价为基准"选项，计算机端出价系数为1，在移动端关键词为单价2元，那计算机端搜索关键词的单价为2元。如果计算机出价系数设置为0，则计算机端无法显示该计划。

6. 设置预算

在预算模块中，营销人员可以根据预算条件选择"不限"选项或"自定义"选项。如果选择"自定义"选项，可以设置日预算金额，如果当日的预算消耗完毕，则广告自动下线。

7. 设置人群

设置推广计划的人群时，营销人员可选择"不限""定向人群""排除人群"三个选项。如果选择"定向人群"选项，系统将对选择的人群进行溢价投放，营销人员可以设置溢价的出价系数，增加推广计划在该人群中的展现次数；如果选择"排除人群"选项，被选择的人群就不会收到广告，可以减少无效投放次数。

完成上述设置后，单击"保存并新建单元"按钮即可进入推广单元的创建。此外，进入推广管理中的计划页面，还能够在计划列表中看到刚刚新建的推广计划情况，将鼠标指针悬浮在该计划上，即可浮现编辑和修改标签，方便直接对计划进行调整和修改。

6.3　操作技能二：创建"推广单元"

推广单元的创建分为两个部分，分别是单元设置和定向设置，如图 6-17 所示。

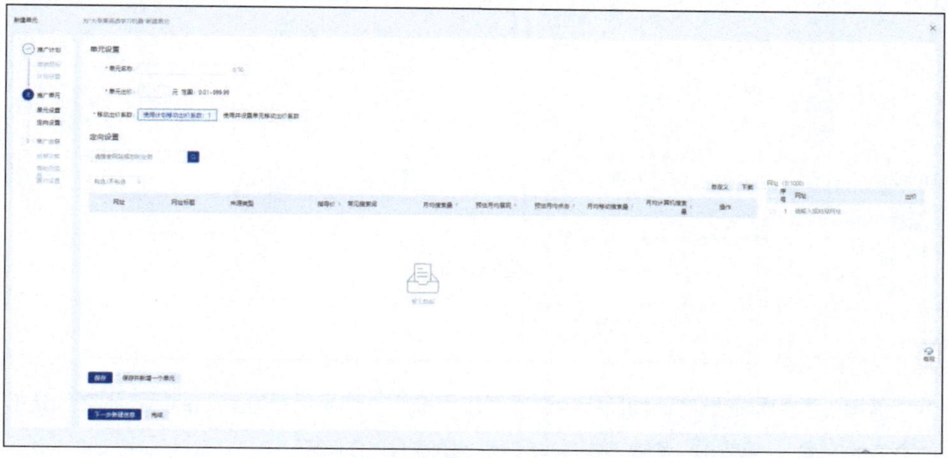

图 6-17

6.3.1　设置"单元"

单元设置的内容较简单，主要有单元名称和单元的出价设置。

6.3.2　设置"定向"

根据推广计划中推广目的的不同，定向设置的内容也有所不同。定向设置主要分为网址定向、关键词定向和人群定向。其中，人群定向在推广计划中已经设置，因此在推广单元环节，需要设置的定向为网址定向和关键词定向。

1. 网址定向

营销人员如果在推广计划目标中选择了网址链接，则在推广单元的定向设置中需要进行定向网址的设置，如图 6-18 所示。营销人员搜索网站或业务产品，系统会显示与该网站或业务产品相关的网站，营销人员选择添加定向的网站，并设定出价系数后保存即可。系统会自动分析与这些网址相关的用户，在用户进行相关搜索的时候展示广告。

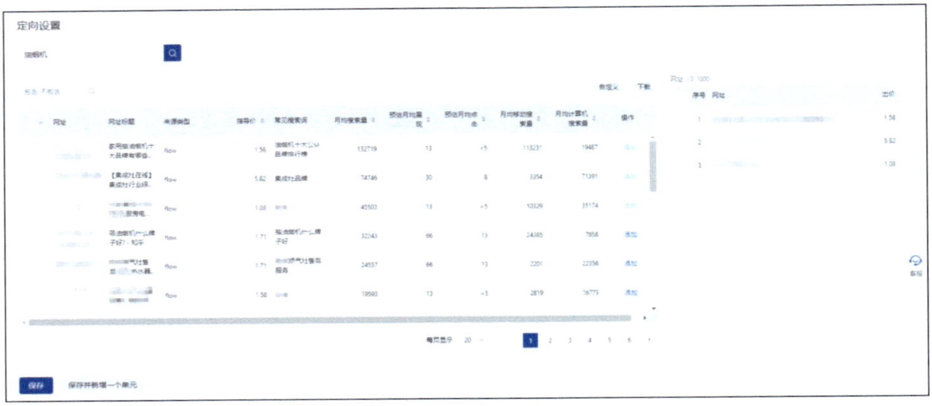

图 6-18

2. 关键词定向

营销人员如果在推广计划目标中选择了应用推广、商品目录等其他目标，则在创建推广单元的时候，需要进行关键词定向的设置，如图 6-19 所示。

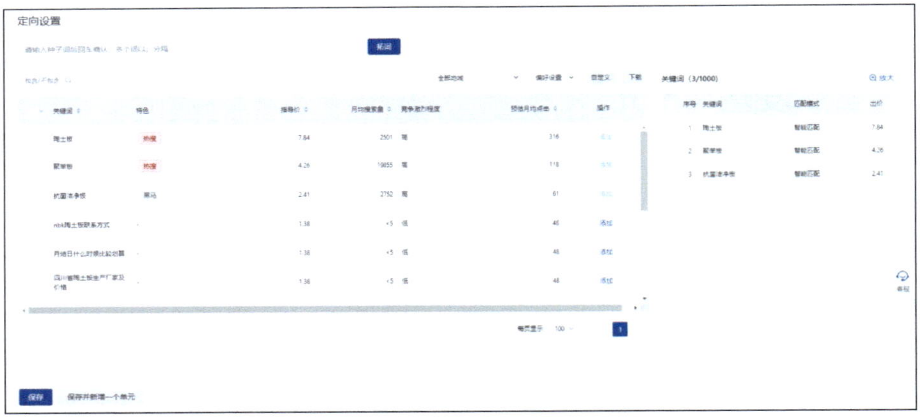

图 6-19

在定向设置的拓词一栏中，营销人员需要填写与网站或产品、服务相关的拓词，拓词可以是一个种子词或多个种子词的组合，也可以用分号进行分隔。系统会根据营销人员输入的拓词展示相关的关键词列表，营销人员从列表中选择自己需要添加的关键词，并对关键词的匹配模式和出价进行设置。关键词定向也能够在推广管理—定向—关键词页面新建和统一管理。

　　根据百度营销搜索推广平台目前的智能匹配模型，关键词的匹配模式分为三种，分别是精确匹配、短语匹配和智能匹配。精确匹配是指营销人员提交的关键词及关键词的同义变体，会与用户的搜索词完全一致，帮助营销人员获得更加精准的流量；短语匹配是指营销人员提交的关键词或关键词的同义变体（包括同义的词语顺序变换），会被整体包含在用户搜索词中，帮助营销人员重点获取搜索词中包含关键词的目标流量；智能匹配是指在提交的关键词中，营销人员可以手动圈选核心词，如果不手动圈选，系统会自动圈出核心词，核心词（不长于 5 个汉字）或同义变体会包含在搜索词中，帮助营销人员更好地触达满足核心词需求的潜在客户。

6.4　操作技能三：创建"推广创意"

　　完成了推广单元的定向设置后，单击"保存"按钮，便进入新建创意页面。在此页面中，营销人员需要设置的内容有创意文案、落地页信息和创意图片三个部分，如图 6-20所示。

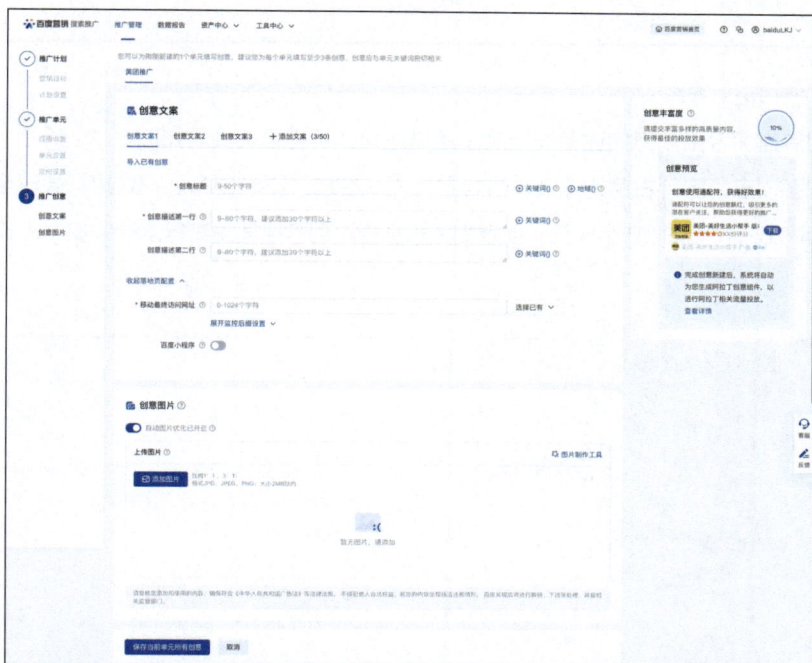

图 6-20

6.4.1 设置"创意文案"

在创意文案部分，营销人员可以自行编辑文案，也可以通过单击"导入已有创意"超链接，选中某个已有创意框后单击弹框下方"确认"按钮完成导入。

设置"创意文案"时，需要重点关注以下两个部分。

1. 创意标题

营销人员可以输入 9~50 个字符的创意标题，如图 6-21 所示。在创意标题栏可以输入关键词通配符和地域通配符，在创意展现时，关键词通配符和地域通配符对应的文字会被标红，以吸引用户关注。

图 6-21

2. 创意描述

创意描述区由创意描述第一行及创意描述第二行组合而成，如图 6-22 所示。为了避免配图创意中图片右侧的描述过短导致大面积空白，影响创意展现效果，建议至少为创意描述第一行添加 30 个字符，创意描述第一行和创意描述第二行累计添加 100 个字符以上。

图 6-22

130

6.4.2　设置"落地页信息"

营销人员在设置"落地页信息"时，需要重点关注三点，分别是移动访问网址设置、应用调起网址设置及计算机访问网址设置。

1. 移动访问网址设置

如果营销人员为创意和关键词设置了移动访问网址，用户点击推广结果时将访问关键词所指向的移动访问网址，也就是落地页。填写移动访问网址后，营销人员也可以勾选"显示网址"功能，如图 6-23 所示，在创意的左下角会显示相应的网址，建议精练显示的网址，以免降低创意的可信度。

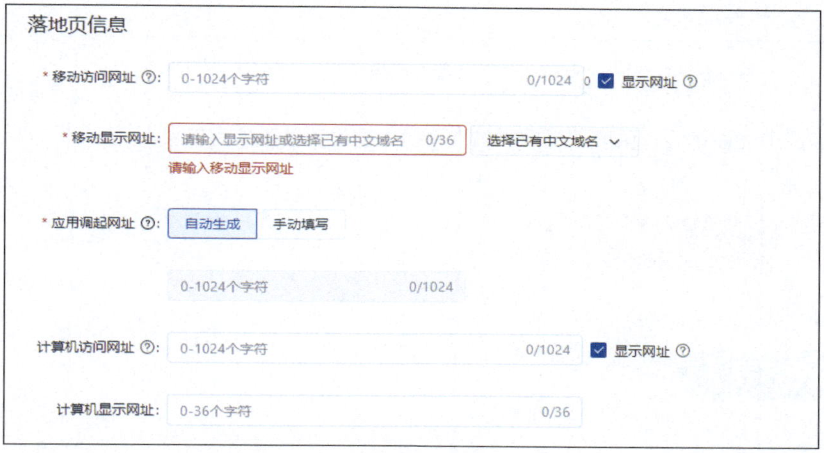

图 6-23

2. 应用调起网址设置

营销人员还可以添加应用调起网址。营销人员既可以向相应的购物平台申请应用调起网址，也可以让系统自动生成应用调起网址。

3. 计算机访问网址设置

除了移动访问网址，营销人员还可以设置计算机访问网址。在营销人员为创意和关键词设置了计算机访问网址的情况下，用户点击推广结果时将访问关键词所指向的计算机访问网址，也就是计算机端的落地页。其设置方法与移动访问网址的设置方法相同。营销人员也可以勾选"显示网址"功能。

6.4.3 设置"图片"

营销人员还可以设置图片，让所要推广的创意更加丰富多彩。

上传的图片需满足一定要求，如图 6-24 所示。添加图片之后，图片会匹配到当前单元下的所有创意进行展现。

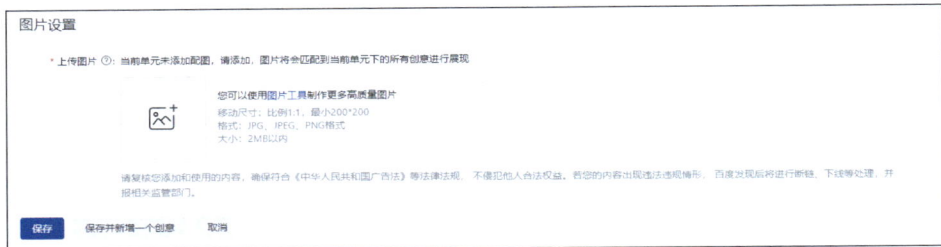

图 6-24

完成上述设置后，百度营销搜索推广平台上的设置就基本完成了。

本篇知识巩固 👍

知识拓展

广告优化师是近年来越来越受欢迎的职业类型，具体的岗位通常包括信息流广告优化师、搜索引擎广告优化师、互联网广告投放员等，结合不同的广告内容及企业特点，岗位名称还有很多变化。

广告优化师的主要职责就是把制作好的互联网广告内容发布在不同的广告平台上，并且让广告效果越来越好。为了履行这一职责，广告优化师的工作内容可以进一步细分为以下几类。

（1）发布广告：需要知道在哪里发布，发布的前提条件是什么，发布的具体流程是什么，发布的具体操作技能有什么。

（2）明确好的广告内容：了解好的广告内容特点是什么，不同行业的好广告的标准有什么不同。

（3）让广告效果越来越好：了解好的指标是什么，原始数据怎么获取，怎么进行数据分析。

在上述三项工作中，发布广告是一名广告优化师的基础性工作。知道在哪里发布广告，涉及不同的广告投放平台的优缺点及广告投放的范围；发布的前提条件，涉及广告投放平台账户开通要求及发布中的审核要求；发布的具体流程，涉及对不同广告投放平台的发布过程的熟悉程度。发布 1 条广告和发布 100 条广告对工作技能的要求不同，后者对工作技能的要求更高。

技能测试

一、单选题

1. 信息流广告投放平台的主要代表是巨量引擎广告投放平台，巨量引擎广告投放平台的流量主要分为（　　　）。

   A. 核心流量　　　　　　　　　　B. 垂直流量

   C. 第三方流量　　　　　　　　　D. 以上都是

2. 巨量引擎的广告账户结构可以分为（　　　）个层级。

   A. 1　　　　　　　　　　　　　B. 2

   C. 3　　　　　　　　　　　　　D. 4

3. 营销人员在腾讯广告投放管理平台创建"广告"，选择广告形式时，广告形式下方的（　　　）功能选项可以帮助营销人员获取更为精准的回传数据。

   A. 转化归因　　　　　　　　　　B. 全网归因

   C. 精准匹配归因　　　　　　　　D. 搜索归因

4. 某广告主在腾讯广告投放管理平台进行用户定向设置时，设置了广州市和深圳市，那么该广告主是对（　　　）标签进行用户定向的。

   A. 年龄　　　　　　　　　　　　B. 学历

   C. 地理位置　　　　　　　　　　D. 性别

5. 关于在百度营销搜索推广平台创建推广单元的说法，错误的是（　　　）。

   A. 营销人员如果在推广计划目标中选择了应用推广、商品目录等其他目

标，则在创建推广单元的时候，需要进行关键词定向的设置

B. 营销人员如果在推广计划目标中选择了网址链接，则在推广单元的定向
设置中需要进行定向网址的设置

C. 短语匹配是指营销人员提交的关键词或关键词的同义变体（包括同义的
词语顺序变换），会被整体包含在用户搜索词中，帮助营销人员重点获
取搜索词中包含关键词的目标流量

D. 推广单元的创建分为两个部分，分别是关键词设置和定向设置

6. 以下（　　　）不属于在百度营销搜索推广平台中创建推广创意时需要设置
的内容。

A. 创意文案　　　　　　　　　　　B. 音频设置

C. 落地页信息　　　　　　　　　　D. 创意图片

二、多选题

1. 社交网络广告投放平台的主要代表是腾讯系广告投放平台，腾讯系广告投放
平台的流量主要分为（　　　）。

A. 腾讯广告投放管理平台的流量　　B. 微信广告投放平台的流量

C. 核心流量　　　　　　　　　　　D. 第三方流量

2. 巨量引擎广告投放平台的"资产"模块中包含了（　　　）。

A. 推广内容　　　　　　　　　　　B. 定向

C. 创意设计　　　　　　　　　　　D. 转化

3. 腾讯广告投放管理平台推广设置的层级分别有（　　　）。

A. 推广计划　　　　　　　　　　　B. 广告

C. 广告创意　　　　　　　　　　　D. 出价和计划名称

4. 腾讯广告投放管理平台的广告创意部分包括（　　　）。

A. 创意形式　　　　　　　　　　　B. 创意内容

C. 创意方向　　　　　　　　　　　D. 创意关键词

5. 腾讯广告投放管理平台支持的落地页种类有（　　　）。

A. 蹊径网页落地页　　　　　　　　B. 微信小程序、QQ 小程序

C. 自定义落地页　　　　　　　　　D. 一叶智能表单

6. 根据百度营销搜索推广平台的智能匹配模型，关键词的匹配模式有（　　）。

    A. 随机匹配　　　　　　　　　　　B. 短语匹配

    C. 精确匹配　　　　　　　　　　　D. 智能匹配

三、判断题

1. 在巨量引擎的账户结构中，推广目的不同，只需要创建一个广告组。（　　）

2. 如果营销人员要推广应用或小程序，可以使用移动应用和小程序功能。（　　）

3. 腾讯广告投放管理平台的定向设置主要包括基础定向、行为兴趣意向、辅助定向三个部分。（　　）

4. 营销人员在百度营销搜索推广平台上设置推广计划时，如果设置人群时选择了"定向人群"选项，系统将对选择的人群进行溢价投放，营销人员可以设置溢价的出价系数，增加推广计划在该人群中的展现次数。（　　）

5. 在百度营销搜索推广平台的优化目标只有转化一种，对应的是 oCPC 的收费方式。（　　）

6. 腾讯广告投放管理平台的计划预算分为计划日预算、月预算、季度预算和计划总预算四个部分。（　　）

四、案例分析题

小王在一家公司从事新媒体营销工作，公司的核心业务是手机、计算机及相关配件的研发、生产和销售。2022 年公司推出"荣誉系列 30""荣誉系列 40"两款新款机型，小王被委任为该系列产品的品牌宣传负责人，小王决定在巨量引擎广告投放平台投放广告以进行品牌宣传。如果你是小王，在巨量引擎广告投放平台应该如何搭建合理的账户结构？

第三篇

自媒体广告投放篇

　　以微信公众号、抖音为代表的新媒体平台崛起，为自媒体的发展提供了广阔的空间。原本媒体业务只属于专业机构，但借助微信公众号、抖音等平台，只要一个人有创意、有良好的表达能力，就可以运营一个颇受欢迎的公众号或一个粉丝数很多的抖音号，成为自媒体 KOL（Key Opinion Leader，关键意见领袖）。广告是媒体主要的商业模式，对于自媒体而言同样如此。在短短的几年时间里，自媒体 KOL 的规模不断扩大，每一个自媒体 KOL 需要寻找商业变现途径，即寻找广告主前来投放广告。而具有广告投放需求的广告主也需要寻找性价比较高的自媒体 KOL。近年来，传统媒体影响力在降低，无数的自媒体 KOL 影响力在上升。在数量庞大的自媒体 KOL 中找到价格合理且广告投放效果不错的自媒体 KOL，就成了企业营销人员的一个重点与难点。本篇以自媒体广告投放为主题，介绍营销人员在图文类的新媒体平台及短视频类的新媒体平台，如何更好地为企业找到合适的自媒体 KOL 进行合作，完成自媒体广告投放。

第 7 章

自媒体广告投放准备

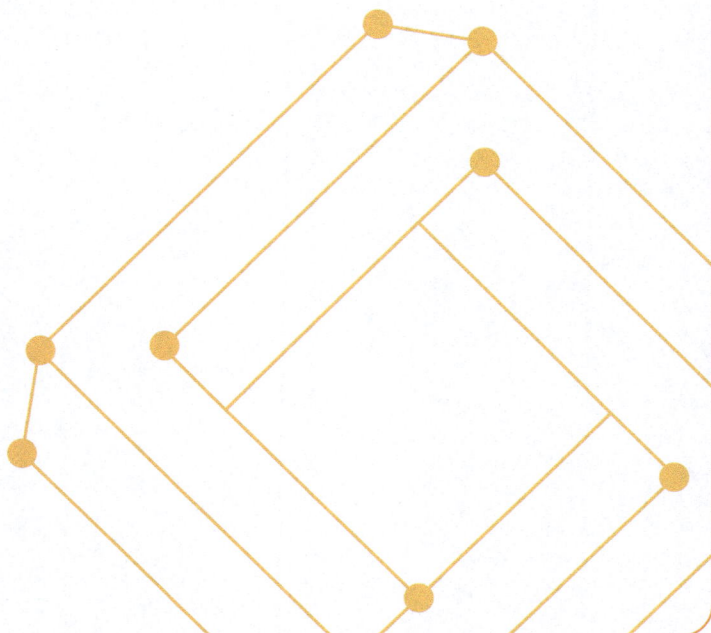

学习目标 👉

- 自媒体 KOL 的崛起
- 自媒体 KOL 广告投放方法

知识导图 👉

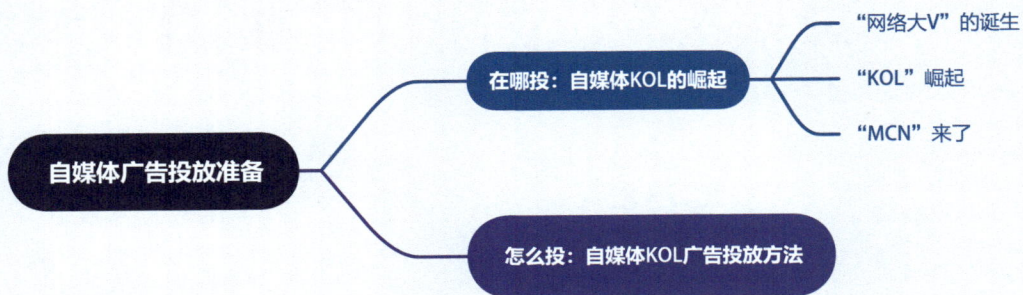

自媒体广告投放准备

在哪投：自媒体KOL的崛起
- "网络大V" 的诞生
- "KOL" 崛起
- "MCN" 来了

怎么投：自媒体KOL广告投放方法

7.1　在哪投：自媒体 KOL 的崛起

　　一个口碑好的产品，通常销量都不会太差。好口碑代表对产品的认可，它可以是一条评价、一条微博、一篇微信文章或一条短视频。随着微博、微信及抖音等具有社交属性的新媒体的发展，好口碑也可以被主动创造，以提高产品的销量。

7.1.1　"网络大 V"的诞生

　　2009 年，新浪网推出了一款产品——新浪微博，在几年内就获取数亿位注册用户，新浪微博的热门话题也常常成为媒体舆论及用户讨论的热点。后来，新浪微博的竞品相继退出市场，新浪微博改名为微博。

　　在门户网站时期，内容分发主要是面向"大众"，任何人打开网站的首页，看到的内容几乎都是一样的。微博内容分发采取"分众"的模式，即在不搜索的情况下，一个用户必须关注特定的其他用户，才能看到对应用户发布的内容。关注的人群不同，看到的内容也不同。例如，一名用户关注 100 名娱乐明星，另一名用户关注 100 名社会新闻记者，这两名用户打开微博看到的内容可能是完全不同的。

　　随着微博的发展，一部分活跃用户持续发布内容，获得了其他用户的认可，关注这些活跃用户的人数也越来越多，这些关注者一般会被称为"粉丝"。

　　这些活跃用户在微博的影响力越来越大，出于监管的需要，微博需要对这些活跃用户进行实名认证。对政府机关、企业、媒体等组织的账号一般采用蓝 V 认证，对个人用户的账号则采用橙 V 认证。在产品上，认证后的账号名后面会显示字母"V"。

　　一般来说，加 V 用户在微博上更有影响力。后来，随着很多加 V 用户的粉丝越来越多，这些加 V 用户开始被称为"大 V"或"网络大 V"，以此表示他们是在网络上很有影响力的人。这些"网络大 V"的发言时常会被他们的粉丝点赞、收藏和转发。

　　当微博上发生一些事件后，部分"网络大 V"就会针对这些事件表达自己的看法和态度，众多的粉丝也会参与这些事件的讨论，从而形成了更大的舆论声量，进一步扩大事件的影响力。"网络大 V"在传播中的作用，甚至会超过很多媒体机构。

　　这一新的传播形态，自然也对营销产生了影响。很多企业在宣传品牌的过程中，会邀请"网络大 V"为宣传品牌助力，扩大品牌影响力。

7.1.2 "KOL"崛起

2012 年，微信推出了公众号，具备内容创作能力的用户可以申请开通公众号，持续发布内容。普通用户在微信上只要订阅某个公众号，就可以持续收到该账号推送的内容。

公众号的推出，对微信产生了巨大的影响。一方面，公众号为内容创作者提供了一个很好的平台，内容创作者只需要简单注册就可以发布内容，不需要技术人员搭建内容发布平台；另一方面，众多的内容创作者持续发布内容，也为普通微信用户提供了很多可阅读的信息，用户停留在微信上的时间也就越来越长，这也提升了微信的商业价值。

另外，微信采取的是不干涉的做法，即内容创作者可以自己发布内容，粉丝可以持续关注这个账号。微信为内容创作者提供了靠自己的能力积累粉丝的机会，大大刺激了内容创作者的热情。公众号的内容创作者越来越多，一大批账号崛起形成了巨大的影响力，带动了一批具备内容创作能力的人进入微信公众号。

微信公众号也影响了很多其他产品的发展。例如，今日头条推出了头条号，百度推出了百家号，网易推出了网易号等，每家内容平台有不同的策略吸引内容创作者发布内容。

"KOL"一词原意是指关键意见领袖，在以电视和报纸等为主要传播手段的时代其实就已经存在了。在微信公众号掀起内容创作的风潮之后，粉丝量多的内容创作者也被称为KOL。

和微博中的"大 V"相比，微信公众号中的 KOL 很多都需要以团队的形式创作，因为长图文的生产成本要高很多，一个人很难持续地生产内容。最初的内容创作者搭建团队、创办公司，既要关注内容是否受欢迎，又要关注公司能否持续生存。

账号的粉丝量代表了影响力，也是变现能力的保障。很多公司和品牌开始和 KOL 合作，有的直接在 KOL 账号上发布硬广，有的发布定制内容。KOL 的影响力甚至会超过很多专业的广告公司和媒体。

在一大批 KOL 账号中，选择合适的账号，制作既有吸引力，又有良好转化效果的营销内容，成为很多营销人员的主要工作。很多新兴的品牌就是因为与合适的 KOL 账号合作，快速崛起。

7.1.3 "MCN"来了

2018 年，抖音上线，快手进入大众视野，短视频平台开始崛起。抖音和快手用了两三年的时间，就成了拥有数亿位日活跃用户的大型内容平台。

从生产角度看，图文内容的生产需要创作者具有良好的文字写作能力，因此在公众号中第一批受欢迎的创作者很多都是传统媒体人；短视频的产生，则大大降低了内容生产门槛，用户只要有一台智能手机，就能拍摄一段短视频。

从消费角度看，用户正常阅读完一篇 3000 字的长图文内容可能需要花费 3 分钟，甚至很多人没有耐心看完；而用户只需要 30 秒就可以看完一条短视频。

内容生产门槛降低，内容消费的速度加快，缩短了整个短视频内容的生产和消费流程。

短视频账号很可能一夜之间"火遍全网"，而在短短一个星期后沉寂。用户的注意力在快速迁移，兴趣转移的速度也在加快。

这一变化对内容创作者提出了更高的要求。在这样的背景下，MCN（Multi-Channel Network，多频道网络）的模式开始流行起来。

MCN 类似于专业的服务公司，有专业的内容生产人员和团队，可以批量化地生产 KOL。一个账号火了，可能背后还有 100 个账号在准备着。这样可以确保这家公司持续地运转。

生产过程专业对人员素质和团队规模的要求很高，也意味着这家企业的成本会很高。因此，一家 MCN 公司从成立开始目标就是商业化。在账号策划阶段，可能就已经明确了这个账号的目标人群、内容特点和生产流程，账号"火"了之后商务人员能够立即匹配合适的品牌广告。

7.2　怎么投：自媒体 KOL 广告投放方法

要进行自媒体营销，营销人员需要在自媒体内容平台上选择合适的自媒体账号投放广告。

要取得良好的投放效果，营销人员需要制定符合企业特点的投放策略，通过科学的方式查找和筛选合适的账号，并策划合适的内容，最终促成广告合作，完成广告推广。

投放自媒体广告普遍遇到的一个问题是：如何选择自媒体账号才能以最低的成本获得

最好的效果？

筛选自媒体账号有以下五个步骤：明确目标用户、明确广告投放需求、寻找合适的账号、筛选合适的自媒体和鉴别刷量的自媒体。

1. 明确目标用户

在进行自媒体广告投放时，首先需要明确所推广产品的目标用户特征，只有明确目标用户群体，才能找到与之匹配的自媒体账号的粉丝群体。自媒体账号的粉丝群体和推广产品的目标用户群体高度契合，才是合适的账号。

要明确目标用户，首先需要收集相关数据。广告主可以通过自己的统计后台、百度指数等数据平台或问卷调查等方式获取数据，主要收集人口属性、社会属性、行为习惯、兴趣偏好和心理属性这五个较通用的维度的数据。

其次需要根据企业产品来设计关键性用户画像数据，挖掘目标用户的关键共同点，以及用户痛点。最后根据这些共同点，以点画面，描述出立体、具象的目标用户。

2. 明确广告投放需求

广告主在明确目标用户后，还需要明确此次广告投放的预期目标和预算，方便制定广告投放策略，以及后期进行投放效果的评估。不同情况下选择的账号类型不同。如果投放广告是为了给品牌的某个活动造势，可以选择一批中小量级自媒体账号。如果投放广告是为了推广初创企业的产品，并且需要靠起始阶段的数据吸引投资，则可以选择具有高流量、高转化率的自媒体账号。

3. 寻找合适的账号

许多广告主投放自媒体广告一般都属于暂时性需求，其没有单独运营一个官方账号的需求，在此基础上，广告主可能没有长期合作的公众号，需要自己挖掘优质的自媒体账号。

账号属性并不只是由 KOL 决定的，粉丝往往也起着决定性作用。粉丝与 KOL 共同决定了这个账号的属性，即这个账号是否适合投广告、适合投放什么类型的广告。所以，分析账号时要分析账号的粉丝画像。

根据 KOL 平日里的推文内容，就可以看出账号的内容质量。如果大部分账号内容都是广告合作类的，那么基本可以将其排除。没有哪个人喜欢频繁看广告，广告太多的博主容易失去粉丝的信任。而持续生产内容的博主更容易吸引忠实粉丝。

需要注意，初期投放时优先选择垂直类目 KOL，并且内容与产品越匹配越好。

4. 筛选合适的自媒体账号

广告主可以通过多种渠道找到一些相对符合推广需求的自媒体账号，但是当面对众多的备选账号时，仍需要从这些账号里面选择最优质的账号进行广告投放，这就需要评估账号的性价比和投放价值。

在精准选号时，可以罗列这些账号的信息，比如可以从性价比、粉丝精准度、粉丝黏性、历史投放内容等维度来比较，评估出相对最优的账号。

5. 鉴别刷量的自媒体

筛选自媒体账号的最后一个步骤是鉴别筛选出来的自媒体账号是否存在刷量的情况。常用方法是通过第三方平台监测自媒体账号，从以下两个角度分析数据（以公众号为例）。

（1）阅读量与粉丝互动的比例。

正常情况下公众号阅读量是呈曲线波动变化的，广告主通过分析公众号阅读量与粉丝互动的比例可以大致判断该文章是否存在刷量行为。粉丝互动通常可以通过点赞、评论等多种方式实现。广告主可分析文章阅读量和点赞数比例是否在合理范围内波动。不少刷量者只会刷阅读量，不会同步刷点赞数，即使有些会同步刷点赞数，也容易出现阅读量与点赞数比例相对稳定的情况。即使是同一个作者，每天的话题、文章的质量等因素都会影响点赞数。广告主还可以注意评论数，刷评论的成本相对较高，刷量者容易忽略刷评论。如果一篇文章阅读次数有几万次，点赞量有几百个，却只有两三条评论，甚至没有评论，这是不正常的。

（2）阅读量变化轨迹。

正常情况下，阅读量是从快速增长到增速匀速变缓的。热门刷屏文章会经过几个关键中转站，如朋友圈、微信群等，阅读量增长速度会随着关键中转点迎来第二次、第三次快速增长。如果阅读量出现暴涨等异常情况，那就需要调查是否存在刷量行为。

选好合适的自媒体账号后，需要与自媒体 KOL 沟通，准确说明需求，筛选合适的账号只是广告投放的第一步，前期准备工作还有和自媒体 KOL 议价、敲定排期、收集资料并提炼产品亮点。广告主更懂产品，但自媒体更懂粉丝的阅读习惯，所以一般由广告主提需求，由自媒体 KOL 撰写软文。

内容产出前应说明需求，具体说明大纲的方向、文案的思路及各个部分的比重。内容产出后，对七个方面的内容进行重点优化，即文章标题、用户痛点展示、文案细节、内容与产品衔接、产品部分文案、利益展示文案和排版，这七个方面的内容都会影响广告实际的转化效果。

在文章发布后还要对评论内容进行优化，在评论区中位置靠前且是用户真情实感的发言，是促成消费者消费的最后一步。所以营销人员可以在文章发布之前提前准备好几条优质的、具有引导性评论的文字，在文章发布后安排相关人员第一时间到评论区进行留言，引导用户踊跃发表言论，积极参与留言互动。

在广告投放过程中要做好相关数据追踪以便后续复盘，例如，送达粉丝量、阅读量、点赞量、评论量、阅读原文或扫描二维码的次数等。如果广告效果非常好，可以与同一个自媒体账号多次合作。

第 8 章

图文自媒体广告投放

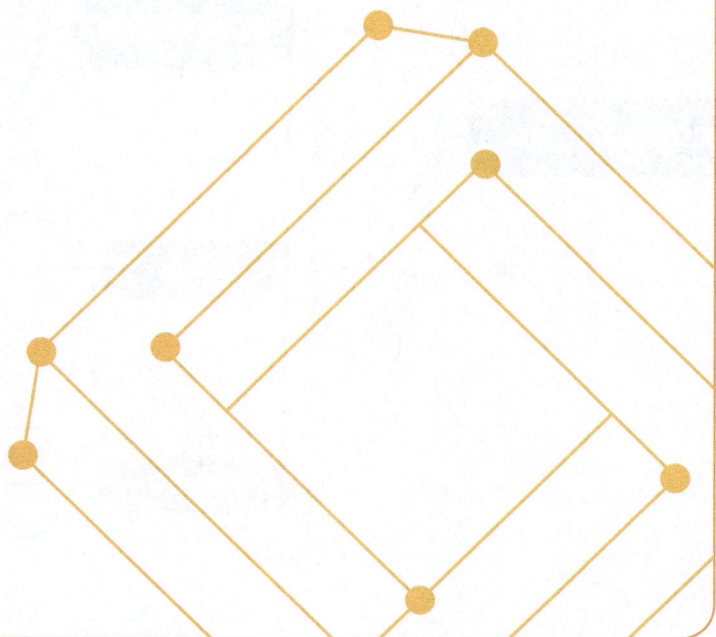

- 确定投放策略的方法
- 图文自媒体账号选择途径
- 图文自媒体广告投放内容的策划要点
- 图文自媒体广告的投放流程

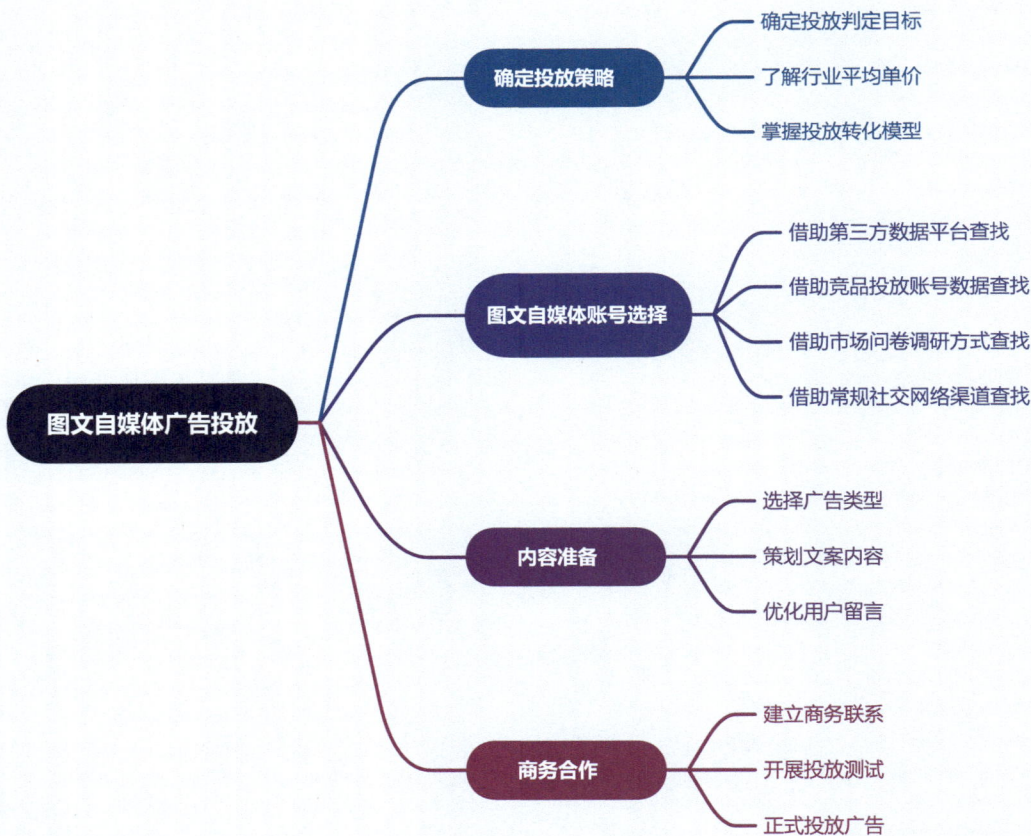

8.1　确定投放策略

　　营销人员在图文自媒体广告投放平台营销前，为了取得良好的投放效果，第一步是制定符合自身特点的投放策略。在这个阶段，需要进行一系列准备工作，主要准备工作包括以下三项：首先确定投放判定目标，其次了解行业平均单价，最后掌握投放转化模型。接下来将会主要以图文自媒体广告的典型类型——公众号为例，进行相关内容的讲解。

8.1.1　确定投放判定目标

　　在公众号投放广告获得的流量大都是需要付费的，因此，营销人员就要计算投入和产出比例，用更少的钱买到更多的流量。在投放广告之前，营销人员需要清楚知道这次花钱主要是为了买到什么，需要确定基本的投放判定目标，如阅读数、转化粉丝数等。

8.1.2　了解行业平均单价

　　营销人员需要了解行业平均单价，以及自己能够投入的预算，选择好投放的账号和区域，进行综合测算，保证投入产出比是正的，这样的广告投放才是有效和可持续的。

8.1.3　掌握投放转化模型

　　此外，营销人员还需要了解从投放到落地的转化过程，一般情况下，标题和文章头图展示文章亮点，文章配图和按钮引导用户点击，再结合产品自身特点及销售人员的话术引导等最终促成用户完成流量转化。营销人员如果遇到了投放效果不好的情况，就可以根据数据优化特定环节，提高各个环节的转化率。

8.2　图文自媒体账号选择

　　在公众号投放广告的时候，影响用户转化的因素主要有三点，分别是公众号的内容、推广的产品和账号本身。根据行业经验，这三点对推广产品转化的影响占比是 20%、30% 和 50%，由此可知，账号对用户的最终转化非常重要。

随着自媒体的发展，公众号越来越多，可供营销人员选择的账号也比较多，借助合适的途径或方法找到合适的账号，会让营销人员提高工作效率，接下来重点介绍四类常用的查找合适的账号的方式。

8.2.1　借助第三方数据平台查找

在公众号投放广告，有几个常用的第三方数据平台，营销人员可以在这几个第三方数据平台查找与分析账号，同时可以借助平台工具辅助投放。在这里主要介绍两个第三方数据平台，一个是"新榜"，另一个是"西瓜数据"，两个平台各有特点，营销人员可以根据需要自行选择合适的平台。

1. 新榜

新榜是内容产业服务平台，营销人员可以在新榜官方网站选择合适的账号，新榜不仅提供公众号栏目的信息，同时还可以选择抖音号、快手号、视频号、小红书、哔哩哔哩等栏目对应查找相关数据信息，选择合适账号。营销人员可以利用新榜的"自媒宝"投放广告，自主控制投放流程。

新榜提供了榜单功能，营销人员可以通过榜单功能查看账号的数据排名，了解这些账号的详细情况。榜单具体可以分为日榜（每日排名）、周榜（每周排名）、月榜（每月排名），在榜单页面可以看到账号发布内容的数量、总阅读数、头条阅读数、平均阅读数、最高阅读数、总点赞数、总在看数等，这些数据都可以作为营销人员选择账号的参考数据。

同时，新榜按照不同的行业、不同的区域设置了榜单，例如，汽车行业、楼市行业、美妆行业等微信影响力排行榜，山东省、黑龙江省等影响力排行榜。

除了榜单功能，营销人员还可以利用新榜的"粉丝对比"工具，提取两个微信公众号粉丝的重叠部分，获得粉丝对比数据报告；利用"分钟级监测报告"工具可以对微信图文定制分钟级效果监测，实时汇总客签单发布情况；也可以利用新榜的"删文检测报告"工具检测微信公众号的历史文章列表，筛选出已删除文章，了解账号的历史情况。

营销人员可以在新榜随时查看账号的动态排名，排名越靠前，标识账号的权重越高，但是新榜平台没有办法鉴定公众号，也没有办法对单篇文章进行数据和内容的分析。

2. 西瓜数据

西瓜数据是新媒体数据监测平台，收集了微信公众号、抖音、快手、小红书、今日头条、美拍、秒拍、哔哩哔哩等平台的数据，同时，平台通过利用大数据挖掘、机器学习等技术可以分析账号的粉丝画像、文章和视频数据，营销人员可以通过相关数据选择合适的账号。

营销人员可以利用新媒体流量监测工具了解账号的阅读量、点赞量，也可以利用平台的"洞悉品牌营销数据"工具掌握竞品投放的动态，降低投放成本，同时进行广告投放后的数据跟踪。

营销人员可以通过西瓜数据平台分析账号的近 10 篇文章阅读曲线，由此判断账号的真实阅读情况，初步判断账号质量；在公众号发布文章后，营销人员可以在平台上监控阅读，也可以直接在该平台查看公众号的广告接单情况。

下面具体介绍营销人员如何在西瓜数据平台查找账号。

（1）公众号搜索。

营销人员登录西瓜数据平台以后，如果要寻找合适的公众号，可以在"公众号搜索"栏目查找，主要有三种查找方式，分别是关键词搜索、高级搜索和文章搜索，该平台也支持公众号名称、标题、文中内容的模糊搜索。例如，搜索"宠物"，就可以把名字中带有"宠物"两个字的公众号找出来。如果使用高级搜索，营销人员需要设置筛选条件，例如，行业、预估活跃粉丝数、预估头条广告报价，条件越多，搜索出来的账号越精准。

（2）公众号排行。

营销人员如果想要通过公众号排行的情况了解账号的信息，可以在西瓜数据平台的"公众号排行"栏目，筛选和查看不同周期的公众号排名情况，账号权重越高，排名越靠前。营销人员如果刚开始尝试在公众号投放广告，建议少量投放进行测试，等确定账号合适后再加量投放，不可以只看排名就直接大量投放，以防遇到不合适的账号造成损失。

（3）竞品投放账号查找。

通常一个领域不止一个品牌在投放广告，营销人员可以参考竞品选择的账号，查看该账号是否符合自己的要求。具体的操作是：第一步，找到"电商数据分析—电商商品搜索"栏目，选择商品，再设置筛选条件，例如，总阅读数、预估活跃粉丝数等，查看符合筛选条件下的产品推广数据情况，进入详情页查看分析；第二步，选择"投放公众号分析"，可以获得实现该投放水准的账号清单。

（4）相似账号查找。

营销人员如果已经明确合适的账号，需要找到更多的相似账号时，可以在西瓜数据平台，"公众号查找—公众号搜索"栏目，输入账号名称，通过"匹配程度"方式检索与该账号类似的账号。

（5）同主体公众号查找。

营销人员在西瓜数据平台查找账号时，检索出来的账号会显示账号主体，也就是该账号属于哪个机构，同时也会显示同一主体下的其他公众号。要注意的是，同一主体下的不同账号质量并不相同，营销人员需要重新判断账号的粉丝黏性[1]、带货[2]能力等。

8.2.2　借助竞品投放账号数据查找

营销人员可以分析竞品投放账号，来查找相应的账号数据。该竞品分析区别于第三方平台的竞品分析，不依靠机器抓取，而需要人工从推广产品、销售数据、投放节奏、内容形式、文章结构等多维度，结合主观经验和客观事实分析投放策略，从而得出更加精准的分析结论。

例如，营销人员投放的产品是平均客单价 1000 元的亲子活动项目，但同类竞品公众号投放比较少，此时可以换一个思路，可以分析同价格同目标人群的产品的推广情况，例如，亲子装、亲子照等，其用户群体也是亲子活动的目标用户群体。

8.2.3　借助市场问卷调研方式查找

营销人员如果对同一产品在微信公众号投放广告的时间比较久，可能思维会相对局限，或者不知道是否该选择某个账号时，可以采用市场问卷调研方式来寻求帮助。

具体的操作是，营销人员可以对目标用户群体做调研，让他们填写自己信任的账号，不限制账号粉丝数，也不限制账号的类型，但是，前提是这个账号推荐的产品可以让用户毫不犹豫地下单。这个条件是很苛刻的，因为不管是账号推荐还是自己想购买，用户能做

1　粉丝黏性，是指一个互联网产品对浏览用户的吸引程度，并由此建立起用户对某一产品的忠诚度，包括关注度、付费欲望等。在新媒体领域，增加粉丝黏性主要通过长期维护粉丝，并且形成良好口碑，将粉丝转化成口碑传播渠道，从而实现"长期受益"。

2　带货，网络流行词，指 KOL 等公众人物对商品销售的带动。

到毫不犹豫是比较困难的。以上述这种市场问卷调研方式获取的账号，往往都是很优质的账号，可以尝试进行广告投放。

8.2.4 借助常规社交网络渠道查找

营销人员做广告投放还需要具备从全网搜索信息的能力，例如，可以在微博、知乎找到比较优质的账号，查看这些账号是否同时开设了微信公众号，然后对有微信公众号的账号的内容进行分析，包括带货案例、踩过的坑等，这些都是辅助营销人员筛选账号的有效信息。

有些粉丝数较少的账号可能会开通微信公众号，也会同步引导其他平台的粉丝到公众号，若微博粉丝的黏性高，则公众号的带货水平通常也较高。

营销人员可以直接在知乎平台搜索关键词"喜欢 / 推荐的公众号"，也会得到一些信息，其中可能包含意想不到的惊喜。

营销人员找到了符合需求的账号，接下来就要对这些账号进行筛选了，要深入分析每个账号背后的数据，判断账号性价比、粉丝精准度、粉丝黏性、历史投放情况及数据真实性。

1. 账号性价比

在投放广告之前，需要了解基本的投放单价，例如，行业头条平均阅读单价是 1.3 元，也就是说在账号的其他方面都一致的情况下，平均阅读单价低于 1.3 元比较好。

2. 粉丝精准度

粉丝精准度涉及粉丝年龄分布、粉丝地域分布、粉丝性别比例分布及粉丝从事的行业分布等。营销人员可以直接找账号所有者提供后台数据截图，分析账号粉丝是否与目标用户相匹配。

3. 粉丝黏性

粉丝对账号发布内容进行点赞、评论、转发的频率越高，粉丝黏性越强。粉丝黏性也在一定程度上说明粉丝信任账号，该账号的投放转化率通常也较高。

衡量账号粉丝黏性的指标主要有头条平均点赞数、头条阅读留言率、头条阅读点赞率等。

4. 历史投放情况

营销人员查看历史投放时，重点查看竞品是否也在该账号投放过广告。若投放过说明竞品推广团队曾经认可这个账号的投放价值，那么这个账号就可以作为此次投放的备选项。如果竞品投放的广告阅读量接近账号平均阅读量且最近一次投放在一个月以前，那么可以选择该账号投放广告。

5. 数据真实性

部分账号存在数据造假行为，营销人员需要通过数据分析工具辨别。

营销人员可以使用西瓜数据平台的"投前分析"功能，分析单篇阅读趋势曲线，查看账号的历史文章数据，从而分析每篇文章在每个时段的阅读数据，以此来判断该文章的数据是真实存在的还是机器刷出来的，一般情况下被机器刷过的文章，会在某个时段出现暴增的现象。

此外，营销人员还可以根据标题找出很明显的广告文章，看阅读量是否高于平均阅读量。一般情况下，广告文章的阅读量会低于平均阅读量。

8.3　内容准备

在公众号投放广告时，营销人员首先需要确定广告类型。一般广告类型主要有两种，一种是硬广，另一种是软广。两种不同的广告类型有不同的特点，营销人员需要根据不同的需要选择。选好广告的类型后还需要策划文案的具体内容，根据产品推广的目的撰写文案，吸引用户的关注，完成转化。最后还需要优化用户留言，生动有趣的留言有利于用户返回落地页下单。

8.3.1　选择广告类型

硬广是指在文章内直接介绍推广产品的广告；软广是指在文章里不是特别明显地介绍推广品的广告。接下来分别介绍两种广告的特点。

1. 硬广

硬广通常会直接明了地介绍产品，激发用户购买的欲望，但是硬广一般阅读点击量少，点击的用户一般都是产品的目标用户，一旦点击阅读文章，转化率会很高。

2. 软广

用户从标题一般不会看出来软广文章是一条广告，只有在阅读文章时才会看到广告，广告的切入点一般是大众关注的内容或热点，文章一般 60% 以上的内容都在引起用户共鸣，然后抛出问题，最后给出解决办法，同时激发购买欲望，达到促进转化的投放目的。

一般情况，软广的阅读量会比硬广高，但是用户的转化率高低不仅取决于阅读量，还取决于目标用户的数量，以及文案的好坏和转化的设计等。所以营销人员投放广告时需要根据自身实际情况进行选择。比如文案创作能力比较强，用户理解能力较强，那就可以尝试软广，在具体执行的时候，可以提前使用 A/B 测试 [1]，分析二者的投资回报率（Return on Investment，ROI）。

8.3.2　策划文案内容

确认广告类型后，需要策划文案内容，具体可以从以下几点考虑。

1. 标题设计

标题要吸引用户，不过，为了避免成为"标题党"，真正提高转化率，在设计标题的时候，要从用户的角度来思考。

如果标题是偏娱乐性的，那么看到标题时，大多数用户会带着一种娱乐的态度去阅读文章，当在文章里出现引导用户行动的指示的时候，用户并不会太在意，也很难有强烈的购买欲望。如果标题是非娱乐性的，那么读者多会认真阅读文字，更容易注意到文章中设计的每一个引导读者行动的指令，促成用户行为的达成。

另外，在设计标题的时候，可以让标题突出指向性，让用户看了标题就知道这篇文章的主要内容，也要适当制造悬念，吸引用户阅读文章。

2. 内容选择

在进行文案写作时，有时候营销人员为了显示品牌的专业度，使用一些很专业的词汇，但是这样的文章很难让用户产生共鸣，写文案时可以尝试不同的文章关键词，引起用户的阅读兴趣，让用户能够感同身受，从而促成用户转化。

1　A/B 测试是一种随机测试，将两个不同的东西（即 A 和 B）比较。A/B 测试可以用来测试某一个变量两个不同版本的差异，一般是让 A 和 B 只有该变量不同，再测试用户对于 A 和 B 的反应差异，然后判断 A 和 B 哪个更好。

在选择这些文章关键词时，营销人员可以使用一些方法，比如，可以把账号近期阅读量最高的标题列出来，挑选出出现频率最高的关键词，再根据这些关键词深挖目标用户群体的关注点。

3. 行文结构

很多用户在阅读文章的时候不会字斟句酌，大多时候只看文章的重点内容，所以文章里的重点需要展示清晰，文案需要结构化，并明确小标题，让用户更容易了解文章要点。

4. 促成用户转化

撰写文章的目的在于使目标用户看到广告的时候点击相关内容，促成转化。但是，文章出现广告的时候，一般也是用户流失最多的时候，这就要求营销人员快速介绍产品优势，可以采用文字标红的形式，特别是对于免费的产品，一定要加以强调。用户对免费的产品一般都很难抗拒，当用户对品牌印象不深时，可以通过发放免费产品的方式，将用户的决策成本降到最低。数字的内容也可以突出显示。人通常对数字比较敏感，数字证据和说明容易促成用户转化。

8.3.3　优化用户留言

留言板的管理是非常容易被忽略的部分。用户在看完文章后，也会习惯性地看留言，很多时候留言的重要程度并不亚于文章本身。

如果前几条留言是用户对产品好的反馈，一定程度上可以降低用户的决策成本，也会加深用户对产品的信任。所以需要优化用户留言，生动有趣的留言能够营造良好的互动氛围，而且当用户看到感兴趣的留言时，他很可能返回落地页下单。

8.4　商务合作

通过前面的学习，营销人员已经掌握了制定投放策略、筛选合适的自媒体账号的方法。接下来，就需要正式开展投放工作。在自媒体账号投放广告的过程和在其他广告平台投放的过程大不相同，新媒体营销人员无法通过一个中心化的平台系统完成对所有账号的投放，需要跟各个账号逐一沟通。本节将从商务合作和执行的角度，介绍如何开展自媒体账号广告投放工作。

8.4.1　建立商务联系

建立自媒体商务人员数据库是营销人员开展自媒体营销商务合作的基础。例如，营销人员经过前期的规划和预算的确认，准备将广告投放在 20 个特定的微信公众号及 5 个特定的头条号上，那么在具体的工作中，营销人员通常需要逐一联系这些账号的商务人员，通过沟通确认双方的合作事宜。具体合作主要围绕以下几个步骤展开。

第一步是收集自媒体账号及其商务人员的联系方式。具体的收集方法有两种：一是先找广告再找对应账号；二是搜索账号关键词。

营销人员如果采取第一种收集方法，需要先搜集相关的竞品广告或同类广告，通过竞品广告来判断适合发布的账号；营销人员如果采取第二种收集方法，则直接搜索和本次推广产品特点相关的关键词，即直接寻找那些定位很明确的账号，先找到相关账号再判断是否合适。

在具体的搜索过程中，营销人员可以先通过"微信搜一搜""搜狗搜索"等工具搜索，通过"关键词"查询，逐一验证这些账号是否符合要求。如果账号符合要求，再进入账号的关注页面，查看商务人员的联系方式，营销人员可以将这些账号的商务人员的联系方式收集起来，按照表格的形式汇总，形成一个简易版本的商务人员数据库。在设计表格的时候，营销人员可以记录一些关键要素，例如，公众号名称、主要内容、往期选题、文章浏览量、商务人员联系方式等。

第二步是添加自媒体账号商务人员的微信或通过其他方式联系商务人员。整理基础信息和商务人员的联系方式后，营销人员就可以开始添加这些自媒体账号商务人员的微信，便于后期快速沟通，一般情况下可以在整理完 100 个左右联系方式的时候开始添加。由于微信对添加好友等方式的管理严格，一人一天之内添加好友的数量有限，因此可以提前规划好添加好友的时间，避免添加好友失败。也可用其他方式联系，如拨打电话等。

营销人员在与这些商务人员联系时，首先需要了解这些账号的基本情况，例如，名字、所属公司、粉丝数量、是否接广告、广告报价、最近广告档期等，信息了解得越详尽越好，同时注意对信息进行整理，并按"编号－名字－公司"备注。

如果在沟通过程中发现了重复的公司，可以先保留其联系方式，不必着急删除，因为在有些情况下，同一家公司不同的商务运营负责人可能会提供不一样的报价和档期。如果遇到同一家的报价不同，切记不要对一个商务人员暴露另一个商务人员的报价，因为这可能导致两个商务人员统一抬高价格。

另外需要注意的是，对于主动添加营销人员联系方式和主动邀请营销人员进入相关微信群的商务人员，需要谨慎对待，以防上当，造成不必要的损失。

8.4.2　开展投放测试

对于符合要求的账号，营销人员和商务人员沟通后，可以知道这些账号的一些基本情况，然后根据这些基本情况，营销人员需要初步筛选出比较合适的账号。在筛选的时候，可以针对账号的粉丝数和报价等情况进行性价比对比，紧接着在这些账号上进行派单测试、广告宣传等效果尝试，进而确定最后是否选用该账号进行广告投放。在派单过程中，可以先进行小量多次测试，筛选出优质的账号，不需要在这个阶段就大量投放，以免造成浪费。

1.　进行测试

营销人员确定好派单测试的账号，可以在该账号上尝试发 3 ~ 5 次 5000 元以下的广告。如果次数太少，测试数据可能会有偶然性，不具有参考价值；同时，如果广告费用数额太大而账号并不合适，会造成大量的浪费。营销人员可以根据公司及产品的实际情况调整具体测试次数和广告费用。

2.　明确要求

营销人员在进行广告推广时，对于广告投放是有要求的，例如，广告投放的时间、广告投放的预算、自媒体账号最低粉丝数量、自媒体账号的类型、自媒体账号粉丝的属性等。在广告投放前，营销人员需要将自己的所有要求告知商务人员，商务人员再根据营销人员提出的要求匹配账号，同时确定正式在该账号投放广告的时间。

3.　检查后台截图

营销人员如果在之前做过简单的账号评测，可以先选好账号再同商务人员确认是否合适。营销人员如果没有选好账号，对商务人员提完此次广告投放的要求后，商务人员会把选好的账号以表格的形式发给营销人员，营销人员再根据表格内容进行进一步的筛选。

但是不管是营销人员还是商务人员选择的账号，营销人员都要直接向商务人员索要这批账号的后台截图。后台截图包含后台首页完整截图、营销人员粉丝画像截图、常读比例截图、设备分布截图。其中，重点是后台首页完整截图。营销人员主要根据首页信息做账号评测，其余截图如果商务人员都能提供，尽量都查看，以综合判断账号是否合适。

在首页完整截图中，营销人员主要查看粉丝数、历史推文的头次条阅读数据；在粉丝画像截图中，营销人员主要查看男女比例、年龄分布数据；常读比例截图会显示账号铁杆用户的比例，一般是 10%~20%（原创号除外），数据过高或过低都可能有问题，营销人员可以将此作为预估阅读量的一个辅助数据；在设备分布截图中，主要查看未知比例，如果未知比例高，该账号有可能存在刷数据行为。

4．进行账号评估

营销人员在对账号进行评估时，可以利用 Excel 表格分析，表格内容包含账号名字、粉丝数、报价、头条平均阅读、次条平均阅读、头条阅读比例、头次条比、预估广告阅读，以及预估广告阅读单价、评估报价等。将头条阅读比例、头次条比、预估广告阅读，以及预估广告阅读单价等几个指标的具体计算公式提前在表格中设置好，在以后的工作中营销人员可以直接将数据输入表格，自动计算出相关数值。以表格的形式分析账号，可使每个账号的情况一目了然。

下面重点介绍头条平均阅读、次条平均阅读、头条阅读比例、头次条比、预估广告阅读，以及预估广告阅读单价几个指标及其计算方法。

（1）头条平均阅读（次）。

每个微信公众号每次最多可以发布八篇文章，其中占据第一条位置的栏目就是头条，头条的版面比其他几条内容更大，很多营销人员在微信公众号投放广告时，头条会作为重点选择，但是每个账号头条平均阅读数据差距也会很大。头条平均阅读（次）需要营销人员根据后台首页截图上的头条阅读数据进行判断，在数据中去掉头条阅读次数的最大数和最小数，其他数据取平均数。

（2）次条平均阅读（次）。

次条位置虽然不如头条位置明显，所占版面也相对头条较小，但是相对于头条来说商务合作价格低一些，也是营销人员的选择之一。次条平均阅读（次）需要营销人员根据后台首页截图上的次条阅读数据进行判断，在数据中去掉最大数和最小数，其他数据取平均数。

（3）头条阅读比例（%）。

头条阅读比例的计算方法为头条平均阅读次数除以账号的粉丝数。根据行业经验，账号的头条阅读比例一般是 0.5%~2%，账号的头条阅读比例达到 1% 就算比较不错的数据。

具体的计算公式为：头条阅读比例（%）= 头条平均阅读 ÷ 粉丝数。

（4）头次条比（%）。

头次条比（%）的计算公式为次条平均阅读次数除以头条平均阅读次数，根据行业经验，账号的头次条比一般是 20%~50%，数据太高或太低都不是正常的情况。

具体的计算公式为：头次条比（%）= 次条平均阅读 ÷ 头条平均阅读。

（5）预估广告阅读（次）。

预估广告阅读（次），是指如果在账号上投放广告，预估的此次广告的阅读次数。预估广告阅读次数的计算方法是头条平均阅读次数乘以 0.8。如果账号平时广告比较少，可以考虑乘以 0.6，但如果账号每天都有广告，可以直接乘以 1。

具体的计算公式为：预估广告阅读（次）= 头条平均阅读 ×0.8。

（6）预估广告阅读单价（元／次）。

预估广告阅读单价（元／次），是指如果在账号上投放广告，预估的此次广告阅读的单价。预估广告阅读单价的计算方法为广告的报价除以预估广告阅读次数。

具体的计算公式为：预估广告阅读单价（元／次）= 报价 ÷ 预估广告阅读。

5. 账号筛选

营销人员通过账号评估的统计表格清楚地了解了账号的情况，在进行账号筛选的时候可以主要参考预估广告阅读单价。如果数据满足营销人员的标准，则账号合格；如果数据不满足营销人员的标准，则账号不合格。如果账号合格，可以确定在该账号上进行推广；如果账号不合格则需要继续筛选其他账号。

每个账号需要单独看，不算所有账号的总价，只要账号不符合标准就直接剔除，再重新选择账号作为补充。

6. 沟通价格

营销人员选好账号以后，紧接着需要跟商务人员谈价，确定此次推广的费用，谈价过程也是双方博弈的过程，在这个过程中营销人员可以开始先报一个比自己的预期还要低的价格，以确保自己后期有上抬价格的空间。

如果商务人员报价恰巧和营销人员的预期符合，整个谈价过程营销人员会比较轻松，但是如果遇到商务人员提出过高的价格，营销人员要放平心态，和商务人员良好沟通。

如果协商价格不容易也不要轻易放弃，需要继续交涉；如果价格相差过大，可能不用抱太大希望，但是能少则少。

当然，营销人员也有可能遇到不管怎么沟通，对方仍然坚持一开始的报价，不肯让步，或者让步非常小的情况，这种情况下营销人员可以考虑重新选号。

7. 投放前预览

当营销人员和商务人员谈好价格以后，营销人员紧接着需要把此次广告投放的相关内容发给商务人员，包含文案、标题、封面、二维码几项物料，然后商务人员在选好的账号上编辑好内容并做好预览链接，将预览链接发给营销人员检查，此时营销人员一般需要检查账号、二维码是否正确，确认没有问题后，商务人员会设置定时发送。

8.4.3　正式投放广告

如果预览无误，则可以支付费用并开始正式投放广告了。

1. 支付费用

在指定的日期，推广文章会通过账号发布，同时会进入支付费用环节。营销人员支付费用一般有三种形式，分别是发文前 1 小时支付费用、检查完预览支付费用、检查完预览支付定金。建议营销人员跟商务人员沟通时选择第一种付款方式，提前预览文章，在发文前，统一给发文公司支付费用。

如果商务人员要求预览完文章就要支付全款，这样做的风险太大，建议营销人员和商务人员协商，先支付定金，尾款在发文前结清。如果商务人员还是不同意，建议慎重考虑是否投放。

在支付费用前营销人员一般需要向对方索要收款信息并确认，收款信息包括公司名称、公账卡号或其他收款账号，为了备用，依旧需要问商务人员索要公账卡号。拿到收款信息以后，营销人员需要制作打款信息单发给对方，让对方确认，确认后提醒财务打款。注意，一定要让商务人员确认，以留证据。

2. 检查是否发文

到了商务人员确定的发文时间，营销人员需要把当天需要发文的账号都查看一遍，检查这些账号是否正常发文，文章内的信息及二维码等是否正确，如果有问题，营销人员要及时与商务人员沟通，这一环节主要确认广告推广是否正常顺利完成，以防出现定错时间或其他问题。

3. 统计广告数据

在广告发布 24 小时后，营销人员需要对广告数据进行统计，根据这些数据分析此次广告投放效果。广告数据一般包含广告阅读数据、涨粉数、出单情况。

营销人员可以直接向商务人员索要广告阅读数据明细表，明细表包含每个账号的阅读数、总阅读数。如果商务人员只给总数据而不提供其他信息，营销人员需要跟商务人员索要详细的数据，根据数据计算阅读单价。

在推广完成 24 小时后，营销人员需要让本公司的销售人员或相关负责人员统计公司相关账户的涨粉数或销售数，营销人员再根据涨粉数或销售数计算广告推广的相关数据情况。同时，营销人员需要自行统计出单情况，包含出单数量、每单价钱、转化率、当天回本率等。营销人员统计完这些数据后，可以进一步记录每个账号的数据，根据账号记录每个账号的情况，方便后期评估。

紧接着营销人员可以判断这些账号是否可以复投，主要判断依据是这些账号的当天回本率和成本。

如果当天回本率为 0，成本也很低，先不着急复投，可以等出单了再考虑是否复投；如果当天回本率（回本率 = 收入 / 成本 ×100%）在 40% 左右，成本也在标准附近，可以考虑复投；如果当天回本率在 80%~100%，成本不太高，可以直接复投；如果当天回本率超过 150%，不管成本多少，用户收货后再考虑复投；如果出的都是小单，也要谨慎一点，用户收货后再考虑复投。收货是指在账号中投放具体销售的产品，用户确认收货之后才算完成一单，因为没有收货之前，订单也有可能被取消，不算完成一个闭环。如果用户还没收货时这些订单被取消，那么广告主收到的数据就变成假的了。如果用户确认收货，那么完成一个闭环，退货、退单的成本都更高，数据不容易造假。所以，广告主在投放的时候需要注意这个问题。

4. 达成长期合作关系

营销人员根据测试数据可以筛选出能复投的账号，一般要测 3~5 次，同时每个账号需要发不一样的文案。在复投的时候，也可以跟商务人员谈价。

营销人员主要有两种复投方式可以选，第一种是继续小量多次发，如果之前一周发一次 5000 元的广告，现在可以一天发一次；第二种是直接包账号，1~2 周包一次，既可以所有号一天发完，也可以分几天发。

经过多次反复测试，营销人员可以基本确定一些比较合适的账号，可以和这些账号长期合作。

　　需要注意的是，对于进入长期合作阶段的公司和账号，每次投放广告结束后要统计后台数据，根据这些数据决定是否复投，是否可以继续进行长期合作，如果一两次投放数据不乐观可能是正常的，但是如果多次投放数据都较差，不管之前有多好的数据，也需要及时更换账号。

第 9 章

短视频自媒体广告投放

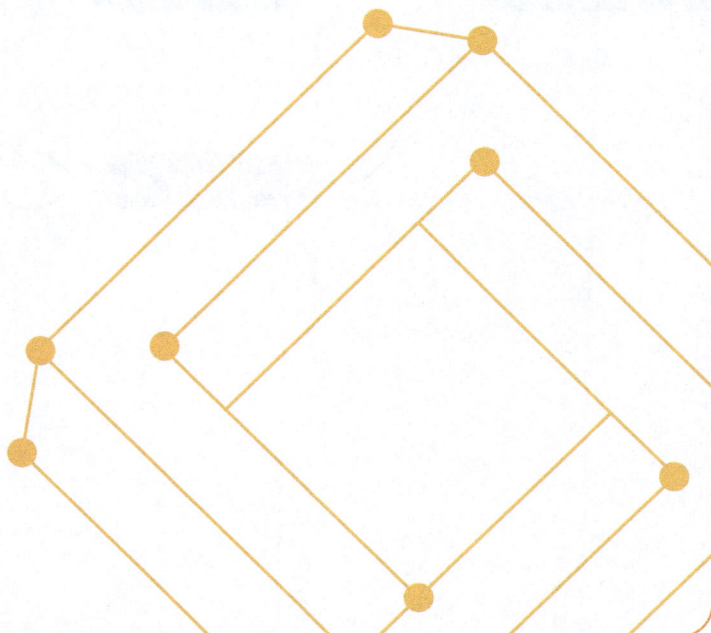

- 以"金字塔型"投放策略和"绑定意见领袖型"投放策略为代表的策略操作方法
- 选择短视频自媒体账号时关注的要点
- 投放类短视频的创作方法
- 投放内容制作过程中注意的要点

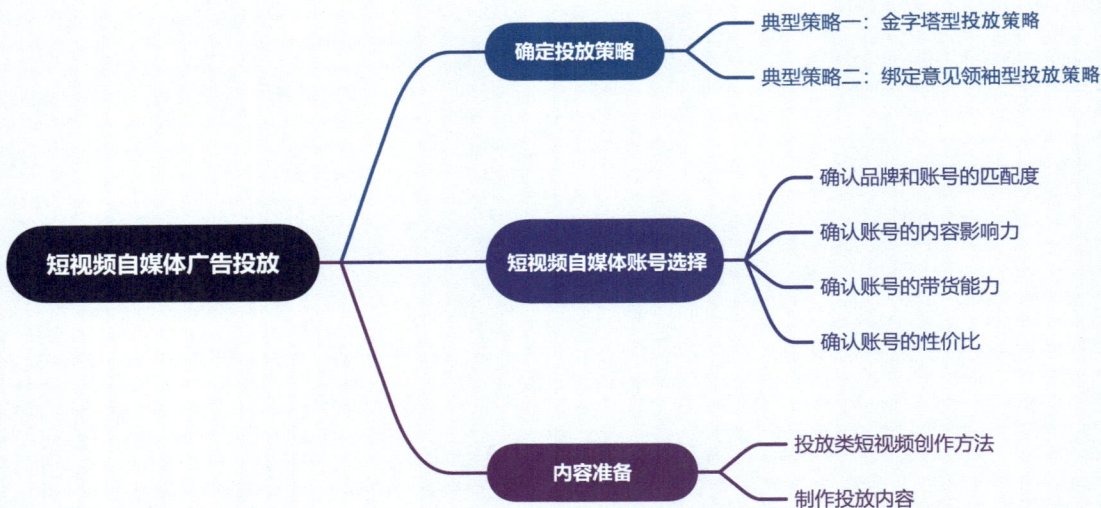

9.1　确定投放策略

如果企业选择以短视频的方式推广宣传，并且选好了短视频账号，就需要确定投放策略。典型的投放策略有金字塔型和绑定意见领袖型两种，接下来分别介绍营销人员在实际工作中如何运用这两种策略。

9.1.1　典型策略一：金字塔型投放策略

金字塔型投放策略适用于大范围的信息传播活动，例如，品牌形象、新品上市等重要信息传播活动，也适用于推广大众消费品的活动。

金字塔型投放策略下营销人员主要通过搭建投放矩阵，以矩阵形式将信息传播给不同用户群体。如果在推广中选择一两个粉丝很多的头部账号，但是没有合理搭配投放矩阵，这对于品牌来说，也只是具有短期效果的营销活动。如果用户群体局限于这一两个账号的粉丝群体，信息则无法广泛传播。而如果通过多个账号进行广泛传播，即使用户的注意力再分散，只要在短时间内反复触达用户，也会让用户印象深刻，从而获得预期收益。

根据账号粉丝量级的不同，从上至下依次划分为超领先 KOL 账号、领先 KOL 账号、二线 KOL 账号、三线 KOL 账号、四线 KOL 账号，对应的粉丝量依次表现为 1000 以上、500~1000 万、300~500 万、100~300 万、10~100 万。

运用金字塔型投放策略时，采用金字塔式的账号构成方式，可以选用一两个超领先 KOL 账号，然后，选 用领先 KOL 账号的数量需要超过超领先 KOL，同理，二线 KOL 和三线 KOL 账号选用的数量应该依次增多。

1. 金字塔型投放策略的作用和应用挑战

（1）金字塔型投放策略的作用。

第一是整合营销，打造"网红"品牌。在金字塔型投放策略下，营销人员有机会通过整合营销产品，打造"网红"品牌而不只是网红单品，也就是说有可能不仅是这次推广的产品获得预期收益，整个品牌的知名度也会得到提高，同时带动整个品牌的其他产品销量。

第二是创新品牌快速提高知名度。金字塔型投放策略降低了传统品牌建设所需的时间成本，实现在短时间内品牌广泛传播的效果。

当然金字塔型投放策略的应用也存在挑战。

（2）金字塔型投放策略的应用挑战。

第一项应用挑战是推广预算高。如果用超领先KOL引流，同时还与大量领先、二线、三线KOL合作，推广预算将非常高。

第二项应用挑战是对产品品质要求高。好的产品品质是产品获得好口碑的前提，而好的口碑是转化的前提，如果产品品质不过关，用户基本不会回购。

第三项应用挑战是金字塔型投放策略要求品牌管理好用户的心理预期，并能持续推出爆品。当产品品质高，获得用户认可时，用户就会对这个品牌产生期待，希望该品牌持续推出其他类型的好产品。

2. 金字塔型投放策略适用范围

金字塔型投放策略适合预算充足、具有一定知名度的品牌采用。

9.1.2 典型策略二：绑定意见领袖型投放策略

绑定意见领袖型投放策略是将广告推广目的隐藏在营销活动中，让用户了解产品的特点与优势，同时利用关键意见领袖的流量、知名度，吸引用户关注的策略。

1. 绑定意见领袖型投放策略的作用和应用挑战

绑定意见领袖型投放策略的作用和应用挑战如下。

（1）绑定意见领袖型投放策略的作用。

第一是通过超领先KOL的强力"种草"推荐，为产品投放蓄能。

第二是吸引更多的三线、四线KOL主动开箱评测，在减少投放预算的同时，提高话题热度，从而提高产品销量和品牌知名度。

（2）绑定意见领袖型投放策略的应用挑战。

第一项应用挑战是甄选KOL难度大。有较强影响力的KOL较少，这类KOL既要能"种草"也能卖货，要能将"个人影响力"变为"品牌影响力"。

第二项应用挑战是对产品品质要求高。产品品质是不容忽视的，产品品质既会影响KOL是否与品牌合作，也会影响产品能否获得用户认可。

第三项应用挑战是预算投入大。绑定意见领袖型投放策略应用时需要投入较高的预算，否则广告的投放效果不会很好。

2. 绑定意见领袖型投放策略适用范围

绑定意见领袖型投放策略适用于食品饮料、家用电器等多个行业，可以通过优质的 KOL，聚能蓄势，带动其他 KOL 推广。

9.2　短视频自媒体账号选择

广告主在选择账号的过程中要注意四个关键因素，分别是品牌和账号的匹配度、账号的内容影响力、账号的带货能力和账号的性价比，通过分析账号的这四个因素可以缩小选择账号的范围，提高选择账号的效率，同时提升选择账号的效果。

为了保证广告主在分析四个因素的准确性，建议将账号的个人作品和商业作品区分来看。接下来详细介绍选择账号的方法。

9.2.1　确认品牌和账号的匹配度

在选择短视频账号时，首先要对短视频账号与本次推广的品牌进行匹配度评估。

广告主不仅需要了解推广产品的特点及目标用户群体的特征，还应将产品的这些特点与短视频账号的基本情况、账号的粉丝画像及账号曾经发布过的内容情况进行对比，找到与自身产品匹配度最高的短视频账号，具体评估需要关注的要点如下。

1. 评估品牌情况

广告主在进行账号与产品的匹配评估前，要先对自身品牌进行简单分析，主要分析四个部分，分别是产品、价格、销售和消费者画像，如表 9-1 所示。

表 9-1

品牌相关	分析角度	分析要点
产品	功能	功能特点情况
	卖点	主打卖点选择
价格	定价区间	价格范围
销售	销售渠道	是线上渠道还是线下渠道
	销售地域	全国的分布情况
消费者画像	年龄分布	消费者的主要年龄段
	性别比例	主要的性别情况

从产品角度看，广告主需要从产品的功能特点和主打卖点两个方面分析。推广产品一般本身不止具备一种功能，但是广告主在实际推广的过程中需要确定本次主要推广产品的哪个功能（主打卖点）。如果推广所有功能，很难在短时间内让用户对产品有深刻的印象，用户有购买需要的时候很难回忆起该产品，所以广告主需要确定产品的最突出特点并以此作为此次推广的主打卖点。

从价格角度看，广告主需要了解本次推广产品的定价，因为价格直接决定产品面向哪个类型的消费者。例如，一款新手机定价 1000 元和定价 9999 元，这两者采取的营销方式肯定差异很大。

从销售角度看，广告主需要了解本次推广产品目前的销售情况，是通过线上渠道销售还是通过线下渠道销售，二者的差异会很大。如果通过线上渠道销售，一般不需要做地域限制；但如果通过线下渠道销售，用户需要在指定地区才可购买产品，广告主就需要主推几个区域。

从消费者画像角度看，广告主需要对产品的消费者画像有明确的认知，也就是明确在本次推广中产品的主要销售对象有哪些特征，在分析的时候可以从用户的年龄、性别、学历、兴趣爱好等多个角度分析。

2. 评估短视频账号情况

当广告主对自身的产品特点有了清楚的认知后，紧接着需要对短视频账号进行分析，可以分别从账号基本情况、账号粉丝情况及账号详情三个方面进行分析，如表 9-2 所示。

表 9-2

账号相关	分析角度	分析要点
账号基本情况	名称	账号的名称中是否有产品关键词
	分类	账号分类是否符合所要推广的产品或服务
	链接	账号链接情况
	ID	账号的 ID 情况
账号粉丝情况	粉丝数	账号的粉丝数量
	真粉率	账号的真实粉丝情况
	年龄分布	粉丝的年龄分布情况
	性别比例	粉丝的性别比例情况
	地域分布	粉丝所在的地域
	粉丝兴趣	粉丝的行为兴趣偏好

账号相关	分析角度	分析要点
账号详情	是否认证	账号是否经过官方认证
	认证信息	账号认证的信息类型
	账号标签	账号标签是否与所要推广的产品或服务匹配
	优势简介	账号的优势简介

从账号基本情况的角度来看，广告主需要了解账号的名称、分类、链接和 ID。通常，账号名称中有产品关键词，可以让用户直接通过账号名称就知道主要推广的产品，但账号名称中有产品关键词可能会造成用户看出是广告而不会点击的情况，当然点击进来的用户通常是精准用户，转化的概率也会很高；账号分类可以大致确定粉丝的范围；账号链接和账号 ID 则可以直接锁定具体的账号，以免发生混淆。

从账号粉丝情况的角度来看，广告主需要了解账号的粉丝数、真粉率、年龄分布、性别比例、地域分布、粉丝兴趣等内容。其中，账号的粉丝数决定了短视频账号的级别和规模，可以将其跟此次推广的目标和预算进行比对分析，确定账号是否合适；账号的真粉率，也就是账号的真实粉丝情况，因为有的账号存在数据造假的情况，所以了解账号真粉率是评估短视频账号情况的重要参考。

从账号详情的角度来看，广告主需要了解账号的详细信息，包含账号是否经过官方认证、认证的信息类型、账号标签与所推广的产品或服务是否匹配，以及账号的优势简介，进一步加深对账号的了解。

3. 评估匹配度

广告主在了解推广的产品及账号的情况之后，可以确认两者的匹配度。例如，账号名称中显示的产品是否跟本次推广的产品类型相同；本次的目标用户画像是否跟账号的粉丝画像情况有相似的地方，两者相似的地方越多，账号和产品的匹配度越高；反之，两者相似的地方越少，账号和产品的匹配度越低。

9.2.2　确认账号的内容影响力

广告主在选择短视频账号的时候还需要确认账号的内容影响力，根据该账号近 30 日的数据指标确认账号的内容影响力，这些指标包含互动率、完播率、爆文率等。

1. 互动率

在认识互动率之前，我们要先了解三个数值，即点赞率、评论率和分享率。点赞率是点赞数与作品播放数的比值；评论率是指评论数与作品播放数的比值；分享率即分享数与作品播放数的比值。而互动率是指互动行为数与作品播放数之间的比值。这里的互动行为数就包含了点赞数、评论数和分享数。通常广告主也会综合分析互动率和评论率、点赞率、分享率。例如，如果有的账号可能整体互动率不高但是评论率很高，也有可能有的作品互动率高，但是点赞率低，这些情况广告主需要具体分析。

2. 完播率

完播率是指账号作品的完整播放数与作品播放数之间的比值，作品的完播率通常为3%~10%。一般情况下账号作品的完播率越高，账号真实的粉丝黏性越强。如果发现各个作品的完播率数据差异比较大，需要注意这个数据是否合理。

3. 爆文率

爆文率是指该账号的爆款视频的数量与作品播放数之间的比值，爆款一般是点赞量达到5万以上的作品。

无论是互动率、完播率或爆款率，其实这些数值对于衡量账号的内容影响力都不是完全绝对的，也会有其他因素影响，当我们在无法精准确认账号的内容影响力时，可以参考以下经验分析。

第一，账号的真实性。在抖音平台有很多MCN[1]机构，这些机构会运用一些固定的模式来运营一些账号，如果经常浏览到同类型的账号，需要警惕账号的真实性。只有账号是真实的，才可能打动用户。

第二，内容的创造能力。如果账号发布的内容是博主真实的体验，更容易引发用户讨论、分享和购买；相反，如果账号发布的内容不是博主真实的体验，就很难促成用户转化。

第三，对于一些粉丝量并不多的账号，也可以尝试投放广告。由于账号的粉丝量并不多，用户关注度也没那么高，在推广的时候可以直接投放广告，强调产品的主要特点和优势。

---

1 MCN，全称 Multi-Channel Network，是基于内容行业，专注于内容生产和运营并设置有不同业务形态和变现模式的组织机构。

9.2.3 确认账号的带货能力

广告主在选择短视频账号的时候需要了解账号的内容影响力，还需要了解账号的带货能力。账号的带货能力主要与账号的"种草"指数、账号的购物车点击率和账号的评赞率三个部分有关，如图 9-1 所示。

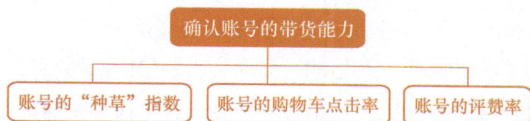

图 9-1

1. 账号的"种草"指数

广告主可以通过 9.2.2 小节介绍的加权计算法计算该账号在近期购物车等组件的点击与转化情况，由此来评估账号的"种草"指数。

2. 账号的购物车点击率

账号的购物车点击率是指点击账号购物车的用户数和浏览账号的用户数之间的比值，用户点击购物车的行为可以理解为用户的进店行为，根据这个数值可以了解账号引流的能力，即潜在的带货能力。一般情况下理想的垂直类账号的购物车点击率在 3% 以上。

3. 账号的评赞率

账号的评赞率是指该账号的评论数和分享数之和与点赞数的比值，这个指标可以体现账号的带货能力，一般情况下理想的垂直类账号的评赞率在 5% 以上。

有些情况下，同一个账号推荐不同的产品，可能呈现出完全不一样的效果。这可能是因为账号粉丝的偏好不同，也可能是因为人设定位不同，或者是内容类型不同。所以在选择账号的过程中，需要选择账号粉丝偏好推广产品品类的账号。

值得注意的是，一个账号在一个月内不能重复推广同一品类的产品，一方面，容易造成用户的不信任；另一方面，由于刚发一条广告，用户不会在短时间内重复购买，推广效果自然会受到影响，甚至有些产品有可能存在竞争关系，会在一段时间内分散用户的购买需求。理想状态下是一个账号扩广同一品类的产品最好能错峰三个月，最少错峰一个月。

9.2.4　确认账号的性价比

广告主在选择短视频账号的时候除了需要了解账号的内容影响力和账号的带货能力，还需要知道账号的性价比。

影响账号性价比的因素如下。

1. 品牌投放的流量加持

在一些垂直领域领先的账号，账号的流量通常主要是由自然流量和品牌投放的流量加持构成。关于账号的广告投放成本，也主要受品牌为其投放的流量加持影响。而一个还在发展中的账号，它的流量主要是来自于自然流量，品牌对其的流量加持较小，我们一般会认为这类型的账号性价比相对较高。

2. 预估播放量

如果要确定账号的性价比，需要了解视频的预估播放量。可以前置计算加持流量至爆款视频的空间，可以大约折算出预估播放量，如果预估播放量太少，流量加持效果也不会太理想，一般不建议选择这类型的账号。

如果广告主选择的账号拥有 50 万位粉丝，并正处于成长期并正在高速涨粉，经常有"爆红"的内容，且价格还没来得及调整，或者广告主可以准确判断这个账号有潜力（有独特人设和内容创作能力），广告主才可能收获好的广告投放效果。否则没有信任背书，没有粉丝黏性，没有账号权重，最后都不会有太好的广告投放效果。

9.3　内容准备

短视频正在吸引越来越多用户的注意力，短视频营销的内容创作方式非常多，本节将重点介绍投放类短视频创作方法。

9.3.1　投放类短视频创作方法

关于投放类短视频的创作方法，本小节将从"种草"带货和线下体验两个角度展开介绍。

1. "种草"带货

"种草"带货营销玩法主要有 12 种类型，如图 9-2 所示。

图 9-2

（1）进行主题模仿。

KOL 通过在视频中模仿某个明星或电视剧情节，向粉丝推荐用到的产品，或者其他相关产品。

（2）制作开箱视频。

KOL 在开箱视频中会着重介绍推广产品，一般会对主打产品和爆款产品进行测试，并向粉丝分享整个测试过程。

（3）进行体验晒单。

KOL 在被推荐购买某款产品后，会第一时间向粉丝分享产品的使用心得，总结产品的特点，给出购买建议。

（4）开展定期盘点。

KOL 定期会对所购买的产品进行盘点，并逐一介绍这些产品的使用体验和效果，同时也开展红黑榜盘点，建议粉丝购买的产品或不宜购买的产品。

（5）好物分享。

KOL 会结合自身的风格特点，向粉丝推荐自己的爱用好物，在介绍这些产品时，一般都会介绍产品的功能和使用方法。

（6）借势明星话题。

KOL 会借势明星相关话题，向粉丝安利某款明星产品，这种玩法可用于与明星的联合营销。

（7）知识分享。

KOL 分享专业的知识，向粉丝介绍相关内容，并在这个过程中推荐一些相关产品。

（8）专业测评。

专业测评方式包括对比测评、实验测评等，专业测评通过直观地向粉丝介绍产品的卖点和特色来实现"种草"目的。

（9）软性植入。

KOL 通过剧情演绎、生活妙招分享等形式，将产品无缝植入视频，既迎合用户喜好，又有效推广了产品。

（10）产品测试。

KOL 亲身体验后向粉丝推荐产品，同时也会介绍产品的适合人群和使用感受。

（11）节日好物推荐。

在中秋节、端午节等热门节日来临前，KOL 会分享与推荐好物，帮助用户解决选购礼物的难题。

（12）发放粉丝福利。

KOL 会定期将品牌产品或其他福利送给粉丝，其一，可以增强粉丝的黏性，同时提高粉丝的活跃度，其二，可以促进信息二次传播。

2. 线下体验

除了通过线上的形式进行"种草"和带货之外，短视频的 KOL 还可以选择线下体验能给用户带来清晰直观的感受。

线下体验的营销方法通常有三种，如图 9-3 所示。

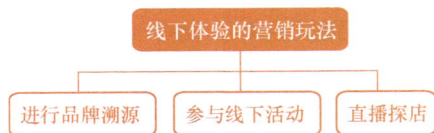

线下体验的营销玩法

进行品牌溯源　参与线下活动　直播探店

图 9-3

（1）进行品牌溯源。

品牌方通过定期邀请 KOL 与产品研发团队面对面地交流，提升其与品牌的契合度和对产品的认同感。

（2）参与线下活动。

品牌方邀请 KOL 参加线下活动，从而提升活动热度。例如，在品牌的周年庆、新品发布会时，邀请 KOL 到现场近距离感受品牌文化和产品魅力，KOL 于活动结束后发布视频。

（3）直播探店。

在品牌活动和促销活动期间，品牌方会邀请 KOL 直播探店，通过直播活动来实现线下活动效果裂变，把用户从线下引流至线上。

9.3.2　制作投放内容

企业借助短视频账号博主进行品牌宣传的时候需要清楚地知道，投放广告不仅是为了提高当下的销量，同时这些短视频账号博主也是参与品牌未来建设的合作者之一。

短视频账号博主在制作内容的时候，需要注意吸引用户、建立联系和执行动作。

1. 吸引用户

视频的前 3 秒对用户的留存很重要，前 3 秒可以精准吸引用户，对非目标群体也可以有效进行排除。但是如果用户在 3 秒后还在大量流失，一般是因为视频的前奏过长。

2. 建立联系

领先账号博主背后自带流量，通过对人设的打造，在其粉丝中形成一定的影响力。品牌方通过借用领先账号博主的人设形象及用户群体对博主的信任，实现品牌宣传，完成流量转化。

在视频前 5 秒到 10 秒，账号博主要分享自己的真情实感，才会有较高的可信度，视频内容才可以直击用户痛点，让用户产生情感共鸣。

如果账号的人设不是真实的，账号博主即使经过长期训练，有良好的演绎能力，也依旧很难与其建立信任关系，很难完成用户转化。

品牌在与账号博主共同创作内容的时候，需要明确如何展示产品才可以打动用户。账号博主需要通过对产品特点的清晰表达，打动用户，从而完成用户转化。这里有几个要点需要注意。

（1）**量化卖点。**

产品的核心卖点只能有一个，核心卖点一定要抓住用户痛点，切忌介绍的产品特点过多，否则会导致产品没有辨识度。

（2）**要有演示性效果。**

在宣传产品功效的时候，要强调产品的使用效果，强调前后效果对比，突出产品卖点，激发用户的购买欲望。

（3）**表达品牌态度**

账号博主应该能够代表品牌态度的内容。通过明确用户群体的需求和偏好，对症下药，加强与用户间的深度沟通，促使用户对品牌产生共鸣，产生认同感和信赖感，有助于最终转化目标的实现。

3. 执行动作

在建立联系的基础上，通过精神激励、物质激励等内容，如促销、粉丝福利等，不断鼓励、引导用户执行转化动作。

本篇知识巩固 👍

知识拓展

小米公司的创始人雷军有句名言："站在风口上，猪都能飞起来。"

互联网公司非常注重风口，一个风口来了，抓住机会的企业可以在短短几年内抢占增量市场。新媒体营销也要注重风口，一些新的技术和形式出现后，抓住新的营销方式的品牌，才能在竞争激烈的市场中取得不俗的成绩。

某国内领先的护肤品品牌在 2020 年推出了一款主打抗衰老功效的新品"红宝石精华"。为了让新品迅速打开市场，该品牌决定在自媒体平台和短视频平台进行营销推广。

对于自媒体平台的选择，该品牌的营销人员小李将微信公众号作为宣传阵地。小李了解到，没有一个中心化的广告投放平台能够帮助广告主一次完成与所有自媒体账号的推广合作。因此，营销人员不仅要合理筛选账号，还要逐一与所筛选账号的商务人员沟通，达成合作。

根据个人经验及社交渠道，小李筛选了一些账号，但账号数量远远不够。接着，他登录一些第三方数据平台，搜索品牌产品相关关键词，页面出现了对应的账号榜单。小李利用地域筛选的功能，重点选择他所在城市及周边地域的微信公众号。

完成账号收集后，小李分别从性价比、粉丝精准度、粉丝黏性、历史投放数据等方面逐一筛查。利用数据分析工具，小李对所有账号的数据真实性进行了判断，排除了数据波动大及存在造假嫌疑的账号。

他将留下来的账号统一整理，形成此次广告投放的商务人员数据库。由于数据库中的账号是重点投放的对象，小李需要与这些商务人员逐一对接，获得对品牌有利的合作条件后就可以顺利进行广告投放了。

而在短视频平台的推广方面，小李将抖音作为新品的推广阵地，并采用了跟上述类似的方式开展工作。

通过在自媒体平台和短视频平台的推广，该品牌的新品在上市一个月后，销量超过 5 万件，成交总额超过 598 万元。

营销人员要熟练掌握自媒体广告投放的方法，才能事半功倍。

技能测试

一、单选题

1. 营销人员在进行自媒体营销时，需要制定符合自身特点的投放策略，在这个阶段需要进行一系列准备工作，下列选项中不属于主要准备工作内容的是（　　）。

　A. 确定投放判定目标　　　　　　　　B. 了解行业平均单价

　C. 分析目标用户群体　　　　　　　　D. 掌握投放转化模型

2. 在公众号投放广告的时候，下列会影响用户转化的是（　　）。

　A. 公众号的内容　　　　　　　　　　B. 推广的产品

　C. 账号本身　　　　　　　　　　　　D. 以上都是

3. 关于硬广和软广的说法，错误的是（　　）。

　A. 一般情况下，软广的阅读量会比硬广高

　B. 一般情况下，软广的点击率低于硬广

　C. 一般情况下，只看软广的标题是看不出来这是一条广告的

　D. 一般情况下，公众号广告类型主要分为两种，硬广和软广

4. 营销人员在投放广告时，相对最稳妥的付款方式是（　　）。

　A. 检查完预览支付定金　　　　　　　B. 检查完预览支付全款

　C. 确定好账号后直接付全款　　　　　D. 发文前一小时付全款

5. 营销人员在支付广告费用时，需要关注的打款信息是（　　）。

    A. 公司名称   B. 广告金额

    C. 公账卡号   D. 以上都是

6. 营销人员在对视频账号进行评估时，需要分析了解（　　）。

    A. 账号基本情况   B. 账号粉丝情况

    C. 账号详情   D. 以上都是

二、多选题

1. 企业在选择自媒体广告账号时，通过（　　）可以实现以最低的成本获得最好的效果。

    A. 明确目标用户   B. 明确广告投放需求

    C. 寻找合适的账号   D. 筛选合适的自媒体账号

2. 在筛选合适的自媒体账号的过程中，营销人员还需要评估账号的性价比和投放价值。下列会影响账号选择的有（　　）。

    A. 粉丝精准度   B. 粉丝黏性

    C. 历史投放情况   D. 投放建议

3. 广告主在鉴别自媒体账号是否存在刷量行为时，常用的方法是通过第三方平台监测自媒体账号，从（　　）角度分析数据。

    A. 阅读量与粉丝互动的比例   B. 粉丝数量

    C. 粉丝互动   D. 阅读量变化轨迹

4. 营销人员登录西瓜数据平台后，可以通过（　　）寻找合适的公众号。

    A. 关键词搜索   B. 高级搜索

    C. 文章搜索   D. 模糊搜索

5. 营销人员可以（　　）寻找合适的自媒体账号。

    A. 借助第三方数据平台   B. 借助常规社交网络渠道

    C. 借助竞品投放账号数据   D. 借助市场问卷调研方式

6. 金字塔型投放策略的作用有（　　）。

    A. 金字塔型投放策略降低了传统品牌建设所需的时间成本，可实现在短时间内广泛传播的效果

B. 金字塔型投放策略有利于整合营销，打造"网红"品牌

C. 金字塔型投放策略推广预算高，对产品品质要求高

D. 金字塔型投放策略有利于整合营销，打造"网红"单品而不是"网红"品牌

三、判断题

1. 广告主可以通过数据平台或者问卷调查等方式获取数据，主要收集通用的五个维度的数据：人口属性、社会属性、行为习惯、兴趣偏好和心理属性。（　　　）

2. 广告主需要明确广告投放需求，以此制定广告投放策略，方便后期进行投放效果的评估，如了解广告的预期目标和预算。（　　　）

3. 在查找合适的自媒体账号的过程中，博主起到了关键性作用，账号属性是由博主一个人决定的。（　　　）

4. 广告主在投放自媒体广告时，建议初期投放时优先选择垂直类目 KOL，并且内容与产品越匹配越好。（　　　）

5. 营销人员在对账号进行第一次测试时，可以直接进行大量投放。（　　　）

6. 广告主在进行品牌宣传的时候可以借助自媒体渠道投放广告，自媒体账号广告投放和短视频广告投放的形式是相同的。（　　　）

四、案例分析题

小王是北京西单一家烧烤店的老板，为了增加店铺人流量，小王决定在微信公众号上投放广告。目前他已经找到了符合此次推广需求的账号，但他还需要分析这些账号的背后数据，筛选出最优质的账号。如果你是小王，你会从哪些方面筛选优质账号呢？